Christoph Kardinal Schönborn

Die Freude, Priester zu sein

Christoph Kardinal Schönborn

Die Freude, Priester zu sein

Exerzitien in Ars

Mit einem Geleitwort von
Papst Benedikt XVI.

Aus dem Französischen übersetzt von
Elisabeth Heresch

Herausgegeben von
Hubert Philipp Weber

HERDER

FREIBURG · BASEL · WIEN

Französische Ausgabe
La joie d'être prêtre. À la suite du Curé d'Ars, Éditions des Béatitudes, Nouan-le-Fouzelier, 2009.

Deutsche Erstausgabe

www.herder.de

Umschlaggestaltung: Christian Langohr, Freiburg
Umschlagmotiv: Philipp Schönborn, Er in uns (2002)

Satz: SatzWeise, Föhren

Herstellung: fgb · freiburger graphische betriebe
www.fgb.de

Gedruckt auf umweltfreundlichem, chlorfrei gebleichtem Papier
Printed in Germany
ISBN 978-3-451-30384-5

Inhalt

Videobotschaft von Papst Benedikt XVI. zu den Priesterexerzitien

Liebe Mitbrüder im priesterlichen Dienst!

Ihr könnt euch sicher gut vorstellen, welche Freude es mir bereitet hätte, bei den internationalen Priesterexerzitien zum Thema »Für das Heil der Welt zum Priester geweiht: welche Freude!« unter euch zu sein. Ihr nehmt zahlreich daran teil und zieht großen geistlichen Gewinn aus den Vorträgen von Kardinal Christoph Schönborn. Sehr herzlich grüße ich ihn und auch die anderen Prediger sowie den Bischof von Belley-Ars, Guy-Marie Bagnard. Ich muss mich damit begnügen, diese aufgezeichnete Videobotschaft an euch zu richten, aber seid versichert, dass ich mich durch diese wenigen Worte in ganz persönlicher Weise an jeden Einzelnen von euch richte, denn wie der hl. Paulus sagt: »Ich habe euch alle ins Herz geschlossen, denn ihr alle habt Anteil an der Gnade, die mir ... gewährt ist« (Phil 1,7).

Der hl. Johannes-Maria Vianney unterstrich die unersetzliche Rolle des Priesters, als er sagte: »Ein guter Hirte, ein Hirte nach dem Herzen Gottes, ist der größte Schatz, den der liebe Gott einer Pfarrei gewähren kann, und eines der wertvollsten Geschenke der göttlichen Barmherzigkeit.«[1] In diesem Priesterjahr sind wir alle aufgerufen, die Größe des Weihesakraments zu ergründen und neu zu entdecken, das uns auf ewig Christus, dem Hohenpriester gleichgestaltet und uns alle »in der Wahrheit geheiligt« hat (Joh 17,19).

Aus den Menschen erwählt, bleibt der Priester einer von ihnen und ist gerufen, ihnen zu dienen, indem er ihnen das Leben Gottes schenkt. Der Priester ist es, »der das Werk der Erlösung auf Erden fortführt.«[2] Unsere priesterliche Berufung ist ein Schatz, den wir in zerbrechlichen Gefäßen tragen (vgl. 2 Kor 4,7). Der hl. Paulus hat einen glücklichen Ausdruck gefunden für die unendliche Distanz, die zwischen unserer Berufung und den armseligen Antworten besteht, die wir Gott geben können. Unter diesem Blickwinkel gibt es einen verborgenen Zusammenhang zwischen dem Paulusjahr und dem Priesterjahr. In unserem Ohr und im Innersten unseres Herzens klingt der bewegende und vertrauensvolle Ausruf des Apostels nach, der gesagt hat: »Denn wenn ich schwach bin, dann bin ich stark« (2 Kor 12,10). Das Bewusstsein dieser Schwäche macht offen für die innere Vertrautheit mit Gott, die Kraft und Freude schenkt. Je mehr der Priester in der Freundschaft mit Gott ausharrt, desto mehr wird er das Werk des Erlösers auf Erden fortsetzen.[3] Der Priester ist nicht Priester für sich selbst, er ist es für alle.[4]

Gerade darin liegt eine der größten Herausforderungen unserer Zeit. Der Priester, sicherlich ein Mann des Wortes Gottes und ein Mann des Heiligen, muss heute mehr denn je auch ein Mann der Freude und Hoffnung sein. Den Menschen, die nicht mehr verstehen können, dass Gott reine Liebe ist, wird er stets zusichern, dass das Leben lebenswert ist und Christus ihm seinen vollen Sinn gibt, weil Er die Menschen liebt, alle Menschen. Die Frömmigkeit des Pfarrers von Ars ist eine Frömmigkeit des Glücks; es ist keine krankhafte Suche nach Abtötung, wie man manchmal geglaubt hat: »Unser Glück ist zu groß; nein, nein, niemals werden wir es fassen«[5], sagte er. Oder auch: »Wenn wir unterwegs sind und einen Kirchturm sehen, muss dieser Anblick unser Herz schneller schlagen lassen, wie der Anblick des Hauses, wo ihr geliebter Gemahl wohnt, das Herz einer Ehefrau schneller schlagen lässt.«[6] An dieser Stelle möchte ich mit besonderer Zuneigung all jene unter euch grüßen, die mit der pastoralen Sorge für mehrere Gemeinden beauftragt sind und sich verausgaben, um in ihren verschiedenen Gemeinschaften das sakramentale Leben aufrechtzuerhalten. Die Dankbarkeit der Kirche euch allen gegenüber ist unermesslich! Verliert nicht den Mut, sondern betet weiter und fordert andere auf zu beten, damit zahlreiche junge Menschen auf den Ruf Christi antworten, der nicht aufhört, die Zahl seiner Apostel vermehren zu wollen, um die Ernte von den Feldern einzubringen.

Liebe Priester, denkt auch an die äußerste Verschiedenheit der Dienste, die ihr für die Kirche leistet. Denkt an die große Zahl der heiligen Messen, die ihr gefeiert habt oder feiern werdet, und bei denen Christus jedesmal wahrhaft auf dem Altar gegenwärtig wird. Denkt an die unzähligen Absolutionen, die ihr erteilt habt und erteilen werdet, und die einem Sünder erlaubt haben, sich aufrichten zu lassen. Dann werdet ihr die unendliche Fruchtbarkeit der Priesterweihe wahrnehmen. Eure Hände, eure Lippen sind für einen Augenblick die Hände und die Lippen Gottes geworden. Ihr tragt Christus in euch; aus Gnade seid ihr in die Allerheiligste Dreifaltigkeit hineingenommen. Wie der heilige Pfarrer von Ars gesagt hat: »Wenn man Glauben hätte, würde man im Priester Gott verborgen sehen wie Licht hinter einem Fenster oder mit Wasser vermischten Wein.«[7] Dieser Gedanke muss dazu führen, die Beziehungen unter den Priestern zu harmonisieren, mit dem Ziel, die priesterliche Gemeinschaft zu verwirklichen, zu der der hl. Petrus ermahnt hat (Vgl. 1 Petr 2,9), um den Leib Christi aufzubauen und euch in der Liebe zu festigen (Vgl. Eph 4,11–16).

Der Priester ist der Mann der Zukunft. Er hat die Worte des hl. Paulus ernstgenommen: »Ihr seid mit Christus auferweckt; darum strebt nach dem, was im Himmel ist!« (Kol 3,1). Was er auf der Erde tut, gehört der Ordnung der auf das letzte Ziel ausgerichteten Mittel an. Die heilige Messe ist der einzigartige Verbindungspunkt zwischen den Mitteln und dem Ziel, denn in ihr ist es uns gegeben, dass wir schon jetzt unter den einfachen Zeichen von Brot und Wein den Leib und das Blut dessen betrachten können, den wir in der Ewigkeit anbeten werden. Die einfachen und doch so tiefen Worte des heiligen Pfarrers über die Eucharistie helfen uns, besser den Reichtum dieses einzigartigen Momentes in unserem Tagesablauf wahrzunehmen, bei dem wir ein Gegenüberstehen von Angesicht zu Angesicht erleben, das uns und jedem unserer Gläubigen Leben schenkt. »Man wird das Glück, eine Messe zu lesen«, so schreibt er, »erst im Himmel ganz begreifen können!«[8]

Deshalb ermutige ich euch, euren Glauben und den eurer Gläubigen an das Sakrament zu stärken, das ihr feiert und das die Quelle wahrer Freude ist. Der Heilige von Ars rief aus: »Der Priester muss dieselbe Freude empfinden (wie die Apostel), wenn er unseren Herrn sieht, den er in seinen Händen hält.«[9] In Dankbarkeit für das, was ihr seid und tut, sage ich euch erneut: »Nichts wird je den Dienst der Priester im Leben der Kirche ersetzen!«[10] Als lebendige Zeugen der Macht Gottes, wirksam in der Schwäche von Menschen, die für das Heil der Welt geweiht sind, bleibt ihr, meine lieben Brüder, von Christus selbst auserwählt, um durch ihn Salz der Erde und Licht der Welt zu sein. Mögt ihr während dieser Exerzitien eine tiefe Erfahrung des unaussprechlichen Inneren[11] machen, um vollkommen mit Christus vereint zu sein, in eurer Umgebung seine Liebe zu verkünden und euch ganz einzusetzen im Dienst an der Heiligung aller Glieder des Gottesvolkes. Indem ich euch der Jungfrau Maria anvertraue, Mutter Christi und Mutter der Priester, erteile ich euch allen meinen Apostolischen Segen.

28. September 2009
(Offizielle deutsche Fassung)

I. Die priesterliche Berufung: Geweiht sein für das Heil der Welt

Nicht ohne »Furcht und Zittern« widme ich dem Thema der priesterlichen Berufung die folgenden Ausführungen. Es sind dies die Vorträge, die ich auf Französisch bei den internationalen Exerzitien in Ars für 1200 Priester aus aller Welt gehalten habe.

Ich bin mir wohl bewusst, dass viele Priester bei Weitem berufener wären als ich, darüber zu sprechen. Ich kenne Priester, die uns das Zeugnis eines ganz hingebungsvollen Lebens geben könnten; Theologen, die uns helfen könnten, in die Lehre der Kirche einzutauchen; Zeugen des Glaubens, die – aus ihrem Bekenntnis zum Glauben – durch die Prüfung des Martyriums gegangen sind. Ich muss der Versuchung widerstehen, mich angesichts meiner eigenen Armseligkeit entmutigen zu lassen. Doch ein Gebet der hl. Thérèse vom Kinde Jesu gibt mir den Mut, mein Ansinnen fortzuführen:

»Herr, Du kennst meine Schwäche; jeden Morgen nehme ich mir vor, mich in Demut zu üben – und abends muss ich gestehen, dass ich mich wieder aus Stolz verfehlt habe; in Anbetracht dessen bin ich versucht, mich entmutigen zu lassen, aber ich weiß, auch Entmutigung ist eine Form des

Stolzes. Also, mein Gott, auf *Dich allein* will ich meine Hoffnung gründen.« (Gebet 20)

»Auch Entmutigung ist eine Form des Stolzes«: Dieser so wahre Ausspruch der kleinen hl. Thérèse gibt mir den Mut, die Aufgabe auszuführen, die mir anvertraut ist, nämlich die verschiedenen Aspekte des priesterlichen Dienstes und der priesterlichen Berufung in einer Zusammenschau darzustellen. Ich beginne also mit Vertrauen, ohne allzu sehr meine eigenen Mängel zu beachten, sondern möchte vielmehr Sie einladen, mit Thérèse, mit Sr. Faustyna und mit allen Heiligen zu vertrauen. »Es ist das Vertrauen und nichts als das Vertrauen, das uns zur LIEBE führen muss«, schreibt Thérèse an ihre Schwester Marie vom heiligsten Herzen Jesu (Brief 197 vom 17. Sept. 1896).

Mit diesem Vertrauen begeben wir uns auf den Weg dieser Meditationen: *Jezu, ufam tobie,* »Jesus, ich vertraue auf dich.« Möge Thérèse uns helfen, uns mit ihrem »kleinen Weg« begleiten, von dem sie in einem Brief an den jungen Priester Père Roulland spricht, den sie als ihren Bruder betrachtet: »Siehst du, mein Bruder, mein Weg ist von Vertrauen und Liebe gesegnet, und ich kann die Seelen, die Angst vor einem so sanften *Freund* haben, nicht verstehen.« (Brief 226 vom 09. Mai 1897)

1. Der Plan Gottes: seine Familie aufzubauen – die Kirche

Meinen Überlegungen möchte ich quasi als »Portal« zwei Aussprüche des heiligen Pfarrers von Ars voranstellen, die als Schlüsselworte für dieses ganze Buch gelten können.

Der erste ist im Brief von Papst Benedikt XVI. an die Priester zitiert (16. Juni 2009):

»Das Priestertum ist die Liebe des Herzen Jesu.«

Das drückt sehr treffend die *Identität* des Priesters aus.

Der zweite Ausspruch betrifft *die Berufung*. Die schöne Geschichte von der Ankunft des heiligen Pfarrers von Ars ist bekannt. Als Jean-Marie Vianney den Weg nach Ars im Nebel nicht finden konnte, wandte er sich an einen Jungen, der gerade seine Schafe hütete. Dieser Bub – er hieß Antoine Givre – zeigte ihm den Weg. Da antwortete ihm der künftige heilige Pfarrer:

»Lieber kleiner Freund, du hast mir den Weg nach Ars gezeigt; ich werde dir den Weg zum Himmel zeigen.«[12]

Ich möchte meine Betrachtungen im Lichte dieser beiden so schlichten Aussprüche beginnen. Wenn der Priester die Liebe des Herzens Jesu ist, so wirkt er voll und ganz im Dienste dessen, was die Liebe Gottes für uns alle will: den Himmel, das Glück, ein ewiges Glück, die Seligkeit des lebendigen Gottes. Gott will unser Glück, und er wollte auch den Priester als Diener des Glücks: »Ich werde dir den Weg zum Himmel zeigen« – und den Weg zum Glück!

Um über die Identität und die Mission des Priesters zu sprechen, werde ich oft auf den *Katechismus der Katholischen Kirche* zurückgreifen. Er ist eine wahre Schatztruhe. Das sage ich nicht, weil ich als Redaktionssekretär daran mitgearbeitet habe. Er ist ein wertvolles Geschenk der Kirche an uns alle. Seine Darlegungen stellen eine organische Synthese des katholischen Glaubens dar. Wenn man mit ihm arbeitet, macht man in der Tat die Erfahrung, dass »die Wahrheit symphonisch ist« (Hans Urs von Balthasar). So öffnen wir also zu Beginn den Katechismus und lesen gleich im ersten Abschnitt Folgendes:

»Gott ist in sich unendlich vollkommen und glücklich. In einem aus reiner Güte gefassten Ratschluss hat er den Menschen aus freiem Willen erschaffen, damit dieser an seinem glückseligen Leben teilhabe. Deswegen ist er dem Menschen jederzeit und überall nahe. Er ruft ihn und hilft ihm, ihn zu suchen, ihn zu erkennen und ihn mit all seinen Kräften zu lieben. Er ruft alle durch die Sünde voneinander getrennten Menschen in die Einheit seiner Familie, die Kirche. Er tut es durch seinen Sohn, den er als Erlöser und Retter gesandt hat, als die Zeit erfüllt war. In ihm und durch ihn beruft er die Menschen, im Heiligen Geist seine Kinder zu werden und so sein glückseliges Leben zu erben.« (KKK 1)

Das ist es also, das Ziel jedes menschlichen Lebens. Und das ist das Ziel des priesterlichen Dienstes: zum Himmel führen, zum Glück, zum glückseligen Leben der Allerheiligsten Dreifaltigkeit. Die Kirche hat kein anderes Ziel als die Menschen, »die durch die Sünde voneinander getrennt worden sind, in der Einheit seiner Familie« wieder zu versammeln.

Gerne würde ich diese gewaltige Vision, wie sie in diesem ersten Absatz des Katechismus dargelegt ist, näher ausführen. Es ist wichtig, dass wir uns von dieser höchsten Realität, dem Grunddatum und der Wurzel aller Wirklichkeit erfassen lassen: »Gott, in sich unendlich *vollkommen* und *glücklich*«. Welche Kraft, welcher Trost, welche Zuflucht für uns liegen in dieser Aussage, in dieser Tiefe der Wirklichkeit des lebendigen Gottes: Gott *ist*. Gott ist in sich unendlich *vollkommen* und *glücklich*. In diesem Erdenleben, so voller Gefahren, wo nichts beständig ist, sich alles ändert, wo wir so oft durch Qualen gehen müssen, Wirren, Ängste und vor allem unser Elend – was für ein Trost ist es, daran zu denken, dass Gott *ist* (KKK 212): *»Bei ihm gibt es keine Veränderung und keine Verfinsterung«* (Jak 1,17).

Erlauben Sie mir eine Bemerkung, die eine Randbemerkung in Hinblick auf unser Thema sein mag und doch keineswegs unwichtig ist: Es gibt seit einigen Jahrzehnten die Tendenz, von einer »Veränderlichkeit« Gottes zu sprechen, von Änderungen Gottes selbst und seiner Pläne, vom Leiden Gottes usw. Ich kann hier nicht auf Details dieser Diskussionen eingehen, aber ich lade Sie herzlich ein, diese erste Wahrheit unseres Glaubens im Auge zu behalten, dass Gott *ist*, »Er, der *ist*«, nicht als erstarrtes Wesen, festgefahren, unbeweglich, sondern als der *lebendige Gott*, immer gegenwärtig, immer *Liebe* und *Wahrheit*, der treue und gerechte Gott, derjenige der »*in sich* unendlich *vollkommen* und *glücklich*« ist.

Und eben weil Er so ist, weil ihm *nichts* mangelt, stellt sein Plan, uns zu erschaffen und uns an seinem glückseligen Leben teilhaben zu lassen, einen »aus reiner Güte gefassten Ratschluss« (KKK 1) dar, einen Ratschluss aus völlig freien Stücken, den reinen Ausdruck des Willens der *Liebe*, uns an seiner *Glückseligkeit* teilhaben zu lassen. Zu sagen, Gott braucht uns nicht, will nicht heißen, dass wir für Ihn keine Bedeutung haben oder dass Er kein Interesse an uns hat – im Gegenteil: es bedeutet, dass sein Wille, uns zu erschaffen und sich uns mitzuteilen, ein Plan aus freiem Entschluss ist, aus Selbstlosigkeit und aus Liebe.

Gott braucht sich in seinen Werken nicht zu verwirklichen, so wie wir Menschen uns durch unsere Arbeit und das, was wir tun, verwirklichen müssen. Die Werke Gottes sind pures Geschenk, Ausdruck einer Liebe – *bonum diffusivum sui*[13]. Gott »hat seinen Sohn als Erlöser und Retter gesandt«. Und er hat den Heiligen Geist gesandt, um alle Menschen in seine Familie zu berufen, in die Kirche.

So sieht, in wenigen Worten skizziert, das »Projekt« Gottes aus, wie es im ersten Abschnitt des Katechismus zusammengefasst ist. Die Kirche wird hier als »zusammengerufene Gemeinschaft« *(ekklesia)* der Menschheit betrachtet, die Gottes Familie werden soll – entsprechend dem Plan Gottes, wie er schon am Anfang, im Schöpfungswerk begründet ist. In der Konstitution »Lumen Gentium« des Zweiten Vatikanischen Konzils ist diese große Vision von der Kirche, der Familie Gottes als Ziel aller Seiner Werke, in wunderbarer und sehr dichter Form dargestellt. Ich zitiere diesen Text nach dem Katechismus (und erlaube mir zu bemerken, dass ich im Jahre 1996 über diesen Text meine Exerzitien für Papst Johannes Paul II. im Vatikan halten durfte[14]):

»›Der ewige Vater hat die gesamte Welt nach dem völlig freien und verborgenen Ratschluss seiner Weisheit und Güte erschaffen; Er hat beschlossen, die Menschen zur Teilhabe am göttlichen Leben zu erheben‹, zu dem Er in seinem Sohn alle Menschen beruft: ›Die aber an Christus glauben, beschloss Er in der heiligen Kirche zusammenzurufen.‹ Diese ›Familie Gottes‹ wird nach dem Ratschluss des Vaters im Lauf der Menschheitsgeschichte schrittweise gebildet und verwirklicht. Die Kirche wurde nämlich ›schon seit dem Ursprung der Welt vorausgestaltet, in der Geschichte des Volkes Israel und im Alten Bund auf wunderbare Weise vorbereitet, in den letzten Zeiten gegründet und durch die

Ausgießung des Geistes offenbart‹ und wird ›am Ende der Zeiten in Herrlichkeit vollendet werden‹ (Lumen Gentium 2).« (KKK 759)

2. Die Apostel und ihre Nachfolger: Diener des Projektes Gottes

Wenn wir in wenigen Worten sagen wollen, worin unsere Berufung, worin unser Auftrag und somit unsere Identität als Priester besteht, können wir das am besten mit den Worten des heiligen Pfarrers von Ars tun:

»Der Priester ist die Liebe des Herzen Jesu.«

Warum? Weil es seine Berufung ist, der Kirche des Herzen Jesu *zu dienen*. Der Priester ist also Diener des Ratschlusses der Liebe Gottes. Hören wir, was der Katechismus dazu zu sagen hat:

»Damit dieser Ruf an alle Welt ergehe, sandte Christus die von ihm erwählten Apostel und gab ihnen den Auftrag, das Evangelium zu verkünden: ›Darum geht hin und macht alle Völker zu Jüngern; tauft sie auf den Namen des Vaters und des Sohnes und des Heiligen Geistes, und lehrt sie, alles zu befolgen, was ich euch geboten habe. Und siehe, ich bin bei euch alle Tage bis zum Ende der Welt‹ (Mt 28,19–20). Kraft dieser Sendung zogen sie ›aus und predigten überall. Der Herr stand ihnen bei und bekräftigte die Verkündigung durch Zeichen, die er geschehen ließ‹ (Mk 16,20).« (KKK 2)

»Wie mich der Vater gesandt hat, so sende ich euch« (Joh 20,21); dieser Auftrag, den der auferstandene Herr am Abend des Osterfestes erteilt hat, ist das bleibende Fundament der Kirche und damit des apostolischen Dienstes, des geweihten Amtes.

Gegen all das gibt es sofort einen Einwand: Ist denn der Auftrag, »das Evangelium zu verkünden«, allein den geweihten Dienern in der Nachfolge der Apostel vorbehalten? Natürlich nicht! Es ist der Aufruf an jeden Christen, jeden Getauften. Der Katechismus sagt das ganz klar:

> »Wer mit der Hilfe Gottes den Ruf Christi angenommen und ihm in Freiheit entsprochen hatte, wurde durch die Liebe zu Christus gedrängt, die Frohbotschaft auf der ganzen Welt zu verkünden. Dieses von den Aposteln erhaltene kostbare Vermächtnis wurde von ihren Nachfolgern treu bewahrt. Alle an Christus Glaubenden sind berufen, es von Generation zu Generation weiterzugeben, indem sie den Glauben verkünden, ihn in brüderlicher Gemeinschaft leben und in der Liturgie und im Gebet feiern (vgl. Apg 2,42).« (KKK 3)

Somit sind also »alle Gläubigen« berufen, den Glauben zu verkünden, durch ihr Leben und ihr Wort, durch die Liturgie und durch das Gebet. Aber wenn dem so ist, wofür ist der spezifische Dienst des Priesters und des Bischofs gut?

Diese Frage hat nach dem Konzil für heftigen Aufruhr gesorgt. Die Älteren von uns werden sich gewiss daran erinnern. Für einige bedeutete sie ein radikales Infragestellen des spezifisch priesterlichen Dienstes. Alles wurde zur Streitfrage: Jesus wollte gar kein Priestertum; das Neue Testament kannte gar keine Priester für den Neuen Bund; die »priesterliche« Interpretation des Presbyters wurde in Frage gestellt. Man sagte, sie hätte im Neuen Testament keine Grundlage: die »Sacerdotalisierung« der Presbyter bedeutete eine »Hellenisierung« des Christentums oder einen »Rückfall« in die Auffassungen vom Priestertum des Alten Bundes. Sehr verbreitet war damals eine rein funktionale Auffassung des Presbyters als des Ältesten einer Gemeinschaft, der ausgewählt ist, diese zu führen. Man sprach also von »Presbytern auf Zeit«. Und es blieb nicht aus, dass diese Debatte mit der Infragestellung des Zölibats der Priester »gewürzt« wurde. Erst geraume Zeit später kam auch noch die Diskussion über die Priesterweihe von Frauen dazu.

Meine ersten Jahre als Priester (ich wurde im Jahre 1970 geweiht) waren sehr stark von dieser Debatte rund um den Sinn und die Besonderheit des Priesterdienstes geprägt. Hier muss ich meinem dominikanischen Mitbruder und Doktorvater, P. Marie-Joseph Le Guillou OP, dankbar Tribut zollen, einem Konzilstheologen, der sich voll und ganz der Verteidigung der unveräußerlichen Besonderheit des priesterlichen Dienstes verschrieben hat – besonders vor, während und nach der

Bischofssynode von 1971. Er hat sein Engagement mit seiner Gesundheit bezahlt, denn er erkrankte in der Folge schwer an Parkinson.

Aus heutiger Sicht liegen diese Diskussionen weit zurück. Abgesehen von einigen Rückständigen unter gewissen »alten Kämpfern« von 1968 scheinen die Streitfragen überholt. Der Dienst des Priesters wird weit weniger in Frage gestellt. Seine spezifischen Aufgaben sind allgemein anerkannt. Aber in meinen Augen zeichnet sich eine andere Gefahr ab, und ich scheue mich nicht, sie beim Namen zu nennen: das ist ein neues Wiederaufleben von *Klerikalismus*, das mich betrübt und vor dem ich ganz einfach und brüderlich warnen möchte.

Die lehrmäßige Ausgewogenheit ist hier von großer Wichtigkeit, und ich lade Sie ein, sich mit mir gemeinsam die so treffende Lehre des Zweiten Vatikanischen Konzils anzusehen. Der Heilige Vater hat uns, seinen früheren Schülern, die wir uns mit ihm jedes Jahr zusammenfinden, gesagt, man müsse alles nur Mögliche tun, um die Kenntnis der Lehre des Konzils zu fördern. Er hat uns wörtlich aufgetragen: »Wir brauchen eine neue Initiative für das Zweite Vatikanische Konzil.«

3. Das gemeinsame Priestertum der Getauften und das Priestertum des Dienstes: die Lehre des Konzils

Sehen wir uns gemeinsam den Schlüsseltext an, der unser Thema betrifft: Lumen Gentium 10. Was wurde in den Jahren unmittelbar nach dem Konzil nicht darüber gestritten! Denn das Konzil spricht, um das Priestertum des Dienstes vom gemeinsamen Priestertum abzuheben, von einem Unterschied *essentia et non gradu tantum,* also von einem »Wesensunterschied und nicht nur einem graduellen«. Ich denke noch an das Gespött von Klerus und Laien über diesen »Wesensunterschied«, als hätte das Konzil mit diesem Ausdruck aus den Priestern Wesen einer anderen Natur gemacht, die sich grundsätzlich von »einfachen Sterblichen« unterschieden. Dazu kam dann die ganze Debatte über den »unauslöschlichen Charakter« *(character indelibilis),* den das Weihesakrament verleiht, welcher traditionell als Wesensmerkmal gilt, der das Sein des Geweihten prägt. Der Priester als ein Wesen abseits der anderen, das sich wesentlich von den »Weltlichen« unterscheidet, ein höheres Wesen, über die gemein Sterblichen erhoben: soll etwa das die Vorstellung vom Priester sein, die uns das Konzil vorgeben will?

Hören wir zuerst, was der Text von Lumen Gentium sagt und sehen wir dann, wie das Lehramt der Kirche diesen im Katechismus interpretiert:

»Das gemeinsame Priestertum der Gläubigen aber und das Priestertum des Dienstes, das heißt das hierarchische Priestertum, unterscheiden sich zwar dem Wesen und nicht bloß dem Grade nach *(essentia et non gradu tantum)*. Dennoch sind sie einander zugeordnet: das eine wie das andere nämlich nimmt je auf besondere Weise am Priestertum Christi teil. Der Amtspriester nämlich bildet kraft seiner heiligen Gewalt, die er innehat, das priesterliche Volk heran und leitet es; er vollzieht in der Person Christi das eucharistische Opfer und bringt es im Namen des ganzen Volkes Gott dar; die Gläubigen hingegen wirken kraft ihres königlichen Priestertums an der eucharistischen Darbringung mit und üben ihr Priestertum aus im Empfang der Sakramente, im Gebet, in der Danksagung, im Zeugnis eines heiligen Lebens, durch Selbstverleugnung und tätige Liebe.« (Lumen Gentium 10,2)

Die Rolle des Priestertums des Dienstes ist nüchtern beschrieben: »Heranbilden und Leiten *(efformat et regit)* des priesterlichen Volkes«. Wir können auch mit den Worten des hl. Pfarrers von Ars sagen: »den Weg zum Himmel zeigen«. Im Mittelpunkt dieser Aufgabe, heranzubilden und zu leiten, steht »die eucharistische Darbringung«, die der Priester »in der Person Christi« vollzieht und im Namen des gesamten Volkes Gottes darbringt. Diese Rolle des Aufbauens und Führens und des Darbringens des Opfers der Eucharistie ist somit dem Priestertum des Dienstes eigen. Sie ist ihm dank der *sacra potestas*, der »heiligen Gewalt«, aufgetragen, die dem Priester durch das Sakrament der Weihe verliehen ist.

Worin besteht aber »das königliche Priestertum« aller Getauften? Das Konzil zählt *sieben* »Felder« der Teilnahme am Priesteramt Christi auf, in denen es sich entfalten kann und soll:

An erster Stelle steht – wie für das Priesteramt des Dienstes – die Teilnahme an der Opfergabe der Eucharistie, die untrennbar Opfer Christi und Opfer seiner Kirche ist. Das Empfangen der Sakramente ist das zweite »Betätigungsfeld« des königlichen Priestertums. Lumen Gentium 10 fasst in wunderbarer Form zusammen, wie jedes einzelne der Sakramente gleichsam als neue Belebung des gemeinsamen Priestertums der Getauften empfangen wird. Als drittes und viertes Feld folgen das Gebet und die Danksagung, durch die Christus Sein Leben in das unsere eindringen lassen kann. Das fünfte Feld: *testimonio vitae sanctae* – also durch »das Zeugnis eines heiligen Lebens« – üben die Getauften ihre Teilnahme am Priestertum Christi, des einzig Heiligen, aus. Sechstens die Entsagungen: Sie sind in der Nachfolge Christi die engen Tore, durch die uns Christus vom »alten Menschen« in das neue Leben als Kinder Gottes hinüberführt. Und siebentens ist da das weite Feld der »tätigen Liebe«, wo alle Dimensionen des menschlichen Lebens von der verwandelnden Kraft der Nächstenliebe Christi durchdrungen werden können und aus uns wahre »Heimstätten der Nächstenliebe« machen.

Aber worin besteht nun der wesentliche Unterschied zwischen diesen zwei Arten der Teilnahme am Priestertum Christi, das doch nur eines ist? Führen wir uns dazu die authentische Interpretation vor Augen, wie sie uns der Katechismus gibt:

»Das amtliche oder hierarchische Priestertum der Bischöfe und Priester und das gemeinsame Priestertum aller Gläubigen nehmen ›auf je besondere Weise am einen Priestertum Christi teil‹ und sind ›einander zugeordnet‹, unterscheiden sich aber doch ›dem Wesen nach‹ (Lumen Gentium 10). Inwiefern? Während das gemeinsame Priestertum der Gläubigen sich in der Entfaltung der Taufgnade, im Leben des Glaubens, der Hoffnung und der Liebe, im Leben gemäß dem Heiligen Geist vollzieht, steht das Amtspriestertum im Dienst dieses gemeinsamen Priestertums. Es bezieht sich auf die Entfaltung der Taufgnade aller Christen. Es ist eines der Mittel, durch die Christus seine Kirche unablässig aufbaut und leitet. Deshalb wird es durch ein eigenes Sakrament übertragen, durch das Sakrament der Weihe.« (KKK 1547)

Um es kurz und bündig zu sagen: das gemeinsame Priestertum der Gläubigen stellt eine Zielkategorie dar, das amtliche Priestertum dagegen gehört, um mit Thomas von Aquin zu sprechen, zur Kategorie der *ea quae sunt ad finem,* also zur »Kategorie der Mittel«. Die Mittel sind kein Ziel, sondern sie dienen dem Ziel. Das Ziel der Werke Gottes ist unser ewiges Glück, unsere Seligkeit. Alles, was die

Möglichkeiten der Taufgnade zur Entfaltung bringt, alles, was unsere Vereinigung mit Christus ermöglicht, bringt uns diesem Ziel – unserer völligen Teilnahme am göttlichen Leben – näher. Das amtliche Priestertum ist eines der Mittel, um das Ziel zu erreichen, wofür Gott uns geschaffen und für das Christus uns erlöst hat.

Es gibt viele »Mittel« oder Wege zum Heil, die Christus uns zur Verfügung gestellt hat – allen voran das Wort Gottes selbst und die Sakramente. Aber auch zahlreiche andere Dinge sind Mittel, die diesem Ziel, unserer Seligkeit, dienen können. Das *Kanonische Recht* zum Beispiel spricht expressis verbis aus, dass es »das Seelenheil« zum letzten Zweck hat – *salus animarum suprema lex*. Auch die ganze »Organisation« der Kirche, unsere Pfarren, unsere Diözesen – all diese Mittel und Instrumente, ob von Menschen geschaffene oder von Gott gegebene, sind dazu da, der Heiligung des Volkes Gottes zu dienen, dem Seelenheil der Menschen.

Wozu also diese – »nicht graduelle sondern vielmehr wesensmäßige« – Unterscheidung zwischen den zwei Formen der Teilnahme am einzigen Priestertum Christi? Um besser diese so wichtige Lehre des II. Vatikanischen Konzils zu erfassen, lade ich Sie ein, mit mir drei Wegen der Reflexion, der Meditation und des Gebetes zu folgen.

a. Non gradu tantum

Wenn der Unterschied zwischen den beiden Formen der Teilnahme am Priestertum Christi gradueller Art wäre, wäre das Priestertum des Dienstes eine Kategorie höherer Vollkommenheit. Daraus würde folgen, dass Priester zu werden bedeutet, ein höherer Christ zu werden. Die Priesterweihe würde den Priester befähigen, ein Elitechrist zu sein, ein höheres Wesen gegenüber dem sogenannten »gemeinen Gläubigen«.

Aber er ist nichts dergleichen! Es gibt nur eine einzige Dimension, wo man von Graden der Vollkommenheit sprechen kann: die Heiligkeit. Auf dieser »Karriereleiter« gibt es keine Grenzen. Man kann auf ihr ohne Grenzen hinaufsteigen und die Gipfel der Heiligkeit erklimmen. Niemand ist aufgrund des Priestertums oder des Episkopats »automatisch« heiliger. Wenn Papst Johannes Paul II. (bald) selig gesprochen wird, so wird das aufgrund seiner Heiligkeit geschehen, die er im Laufe der Ausübung des Priesteramts, Episkopats und Pontifikats erlangt hat.

Ich erinnere mich an eine Unterhaltung mit der alten Pförtnerin im »Palast des Heiligen Offiziums« in Rom. Das muss in den ersten Jahren von Kardinal Ratzinger als Präfekt der Kongregation für die Glaubenslehre gewesen sein. Damals habe ich Clelia, so hieß sie, gefragt: »Wie ist er denn so, Ihr neuer Präfekt und Hausherr?« – Die Antwort ist mir unvergessen: *E un vero cristiano!* »Er ist ein wahrer Christ!«

Das zeigt, dass allein die Heiligkeit zählt und dass all das »Arsenal« an uns zur Verfügung stehendenden Instrumenten – das Priesteramt des Dienstes mit eingeschlossen – keinen anderen Zweck hat, als dieser Heiligung des Volkes Gottes zu dienen, sie zu nähren und aufzubauen: Instrument der Heiligung zu sein, Diener der universellen Berufung zur Heiligkeit.

Instrument sein – dieses Wort zeigt uns, was den wesentlichen Unterschied zwischen dem gemeinsamen Priestertum der Gläubigen, an welchem wir ebenso wie alle Getauften und zur Heiligkeit Gerufenen teilhaben, und dem Priestertum des Dienstes ausmacht.

b. Keine Diskriminierung

Es ist wichtig, an diese Lehre des Zweiten Vatikanischen Konzils zu erinnern, um einen in unserer Zeit weit verbreiteten Irrtum zu korrigieren. Man wirft der Kirche vor, diejenigen zu diskriminieren, die keinen Zugang zum Priestertum des Dienstes haben, vor allem durch den Ausschluss von Frauen von der Priesterweihe.

Wenn das Priestertum des Dienstes eine höhere Stufe des christlichen Lebens wäre, so wäre ein solcher Ausschluss tatsächlich »diskriminierend«, zumal er alle Frauen und einen Großteil der Männer daran hindern würde, diese höhere Stufe des christlichen Lebens zu erreichen. Aber es gibt keine andere höhere Ebene als die der Heiligkeit. Keine Frau und kein Mann der Welt sind von diesen höheren Ebenen – der Heiligkeit – ausgeschlossen.

c. Christi Gestalt annehmen

Ich füge eine dritte Bemerkung hinzu. Wenn wir Priester im Dienste sind, Instrumente Christi, die *in persona Christi* – also »in der Person Christi« handeln, als Haupt seines Leibes, der die Kirche ist, so will das nicht heißen, dass alles, was wir tun, garantiert von Fehlern, Sünden und Widrigkeiten verschont bleibt. Wir sind Instrumente, aber lediglich gewisse unserer Handlungen tragen die Garantie, *in persona Christi* ausgeführt zu werden. Sehr vieles, was wir als Priester, Bischöfe tun oder sagen, geschieht keineswegs *in persona Christi*. Ich zitiere dazu den Katechismus:

»Diese Gegenwart Christi im Amtsträger ist nicht so zu verstehen, dass dieser gegen alle menschlichen Schwächen gefeit wäre: gegen Herrschsucht, Irrtümer, ja gegen Sünde. Die Kraft des Heiligen Geistes bürgt nicht für alle Taten der Amtsträger in gleichem Maße. Während bei den Sakramenten die Gewähr gegeben ist, dass selbst die Sündhaftigkeit des Spenders die Frucht der Gnade nicht verhindern kann, gibt es viele andere Handlungen, bei denen das menschliche Gepräge des Amtsträgers Spuren hinterlässt, die nicht immer Zeichen der Treue zum Evangelium sind und infolgedessen der apostolischen Fruchtbarkeit der Kirche schaden können.« (KKK 1550)

Christus garantiert uns, dass unsere sakramentalen Handlungen wirklich die seinen sind. Er garantiert aber nicht dafür, dass ich in allen meinen Handlungen Christus-konform lebe. In meinen geheimsten Gedanken hatte ich erwartet, dass zumindest die Bischofsweihe, die ja die ganze Fülle des Weihesakraments verleiht, mich von meinen Schwächen, Fehlern und von meinen Sünden befreit. Ich bin mir bewusst, dass es eine unglaubliche Gnade ist, Nachfolger der Apostel zu sein, aber ich musste auch zur Erkenntnis gelangen, dass ich diesen Schatz in »einem zerbrechlichen Gefäß« (2 Kor 4,7) trage, in einer Töpferware ohne Wert. Je tiefer wir uns dessen bewusst sind, desto weniger kann uns die Versuchung des Klerikalismus etwas anhaben.

Lassen Sie mich diese erste Meditation mit einer eigenen unvergesslichen Erinnerung an ein Ereignis beschließen, bei dem ich unmittelbar das erfahren durfte, worüber ich hier gesprochen habe.

Vor zehn Jahren habe ich auf Einladung meines lieben Freundes Kardinal Malcolm Ranjith Sri Lanka besucht. Er war damals Bischof von Ratnapura und ist jetzt Erzbischof von Colombo, nachdem er einige Jahre an der Römischen Kurie verbracht hatte. Er führte mich in ein kleines Dorf, wo arme tamilische Arbeiter auf einer Teeplantage lebten. Diese Menschen hatten für diesen ersten Empfang eines Kardinals ungeheure Anstrengungen unternommen. Auf einer Länge von fünfhundert Metern hatten sie den Zugangsweg zum Dorf mit frischem Sand bestreut. Entlang des gesamten Weges hingen kleine Fähnchen, und als ich auf diesem feinen und frisch gerechten Sand voranging, legten sie Teppiche unter meine Füße, damit ich als der hohe Gast gut gehen konnte. Als wir in der kleinen, armen Dorfkirche angelangt waren, flüsterte mir der alte Jesuitenpater, P. Fernando – ein Mann von großer Kultur, der dessen ungeachtet vierzig Jahre lang als Armer unter diesen sehr armen Menschen gelebt hatte – ins Ohr: »Eminenz, glauben Sie nicht, dass die Leute das alles für Christoph Schönborn getan haben. Sie haben es für Jesus Christus getan!«

Das, liebe Mitbrüder, schenkt uns wahre Freude: die Demut und die Einfachheit. Freuen wir uns, Instrumente Jesu Christi sein zu können, und sollte es vorkommen, dass wir uns zu ernst nehmen und vergessen, dass uns die Menschen um Christi willen, dessen Instrumente wir sind, lieben (uns sogar verehren), dann denken wir daran, dass Jesus für seinen Einzug in Jerusalem, um zu seinem Volk zu kommen und mit den Menschen zusammen zu sein, *sich eines Esels bedient hat.*

II. Die Quellen der Barmherzigkeit

»Seid barmherzig, wie es auch euer Vater ist.« (Lk 6,36) Aber *wie* ist man barmherzig? Wie kann man das so sein *wie er?* Wenn wir gerufen sind, *in persona Christi* zu handeln, an Christi statt, ist es für uns Priester besonders wichtig, zu verstehen, wie Jesus barmherzig ist.

Ganz klar steht die Barmherzigkeit im Mittelpunkt des Evangeliums: »Selig die Barmherzigen, denn sie werden Erbarmen finden.« (Mt 5,7) Ebenso offensichtlich ist die Tatsache, dass unsere Zeit ganz besonders von Barmherzigkeit und vom Bedürfnis nach ihr geprägt ist. Es ist frappierend, in welchem Maße die barmherzige Liebe das Zentrum der Heiligkeit in unserer Zeit ausmacht – Thérèse von Lisieux gibt davon ein großes Zeugnis. Der hl. Pfarrer von Ars wird nicht müde, zu uns über die Göttliche Barmherzigkeit zu sprechen. Und es war – viel näher zu uns heute – Johannes Paul II., der von sich selbst sagen konnte: »Die Botschaft der Göttlichen Barmherzigkeit hat das Bild meines Pontifikats entscheidend geprägt.« (7. Juni 1997)

Während seines letzten Besuchs in Polen im Jahre 2002 hat er die neue Basilika von Łagiewniki geweiht. Die Predigt, die er bei dieser Gelegenheit am 17. August hielt, erscheint mir heute wie sein

Testament. Es ist ein geballter, an die gesamte Kirche gerichteter Aufruf, Zeugen der Barmherzigkeit zu sein. Ich zitiere daraus zwei Abschnitte:

»Wie dringend braucht die heutige Welt das Erbarmen Gottes! Aus der Tiefe des menschlichen Leids erhebt sich auf allen Erdteilen der Ruf nach Erbarmen. Wo Hass und Rachsucht vorherrschen, wo Krieg das Leid und den Tod unschuldiger Menschen verursacht, überall dort ist die Gnade des Erbarmens notwendig, um den Geist und das Herz der Menschen zu versöhnen und Frieden herbeizuführen. Wo das Leben und die Würde des Menschen nicht geachtet werden, ist die erbarmende Liebe Gottes nötig, in deren Licht der unfassbare Wert jedes Menschen zum Ausdruck kommt. Wir bedürfen der Barmherzigkeit, damit jede Ungerechtigkeit in der Welt im Glanz der Wahrheit ein Ende findet.«

Dann folgten die feierlichen Worte, die in gewisser Weise wie das Testament dieses großen Papstes klingen:

»In diesem Heiligtum möchte ich daher heute die Welt *feierlich der Barmherzigkeit Gottes weihen* mit dem innigen Wunsch, dass die Botschaft von der erbarmenden Liebe Gottes, die hier durch Schwester Faustyna verkündet wurde, *alle Menschen der Erde erreichen* und ihre Herzen mit Hoffnung erfüllen möge. Jene Botschaft möge, von diesem Ort ausgehend, überall in unserer geliebten Heimat und in der Welt Verbreitung finden. Möge sich die Verheißung des Herrn Jesus Christus erfüllen: Von hier wird ›ein Funke hervorgehen, der die Welt auf Mein endgültiges Kommen vorbereitet‹[15]. Diesen Funken der Gnade Gottes müssen wir entfachen und dieses Feuer des Erbarmens an die Welt weitergeben. *Im Erbarmen Gottes wird die Welt Frieden und der Mensch Glückseligkeit finden!* Euch, lieben Brüdern und Schwestern, der Kirche in Krakau und Polen und allen, die die Barmherzigkeit Gottes verehren und aus Polen und der ganzen Welt diesen Ort aufsuchen, vertraue ich diese Aufgabe an. *Seid Zeugen der Barmherzigkeit!*«

Ja, lasst uns Zeugen der Barmherzigkeit sein! Das soll jetzt mein Thema sein. Ich werde zuerst vom Evangelium sprechen und dann genauer auf die Schule der Barmherzigkeit Jesu eingehen; abschließend wird vom Sakrament der Barmherzigkeit die Rede sein.

1. Die Schule der Barmherzigkeit Jesu

Beginnen wir mit zwei Szenen im Evangelium, die uns ausführlich über dieses *Wie* der Barmherzigkeit Jesu belehren – und uns zugleich sagen, wie wenig seine Jünger dieses *Wie* verstanden haben.

Die erste Szene findet oft zu Beginn priesterlicher Exerzitien Verwendung. Es ist die Einladung Jesu an die Zwölf, sich zurückzuziehen, um sich nach der ersten Erfahrung ihrer Mission auszuruhen.

»Die Apostel versammelten sich wieder bei Jesus und berichteten ihm alles, was sie getan und gelehrt hatten. Da sagte er zu ihnen: Kommt mit an einen einsamen Ort, wo wir allein sind, und ruht ein wenig aus. Denn sie fanden nicht einmal Zeit zum Essen, so zahlreich waren die Leute, die kamen und gingen. Sie fuhren also mit dem Boot in eine einsame Gegend, um allein zu sein. Aber man sah sie abfahren und viele erfuhren davon; sie liefen zu Fuß aus allen Städten dorthin und kamen noch vor ihnen an. Als er ausstieg und die vielen Menschen sah, hatte er Mitleid mit ihnen; denn sie waren wie Schafe, die keinen Hirten haben. Und er lehrte sie lange.« (Mk 6,30–34)

»Und er lehrte sie lange«: diese Stelle berührt mich immer wieder. Das Erbarmen Jesu mit den Menschen, die ihm bis in diese einsame Gegend am See (der Tradition nach bei Tabga) nachgelaufen sind, äußert sich zuerst darin, dass Jesus sie lange lehrt. Es ist kein Zufall, dass Unwissende zu belehren zu den Werken der Barmherzigkeit gehört. Jesus lehrt sie und seine Rede ermüdet sie nicht, denn *»er lehrte sie wie jemand, der Vollmacht hat, und nicht wie die Schriftgelehrten«* (Mt 7,29). Jesus hat Stunden über Stunden gesprochen, die Aufmerksamkeit der Menschen hat nicht nachgelassen und sie hörten seiner Botschaft zu. Jesus hat erst einmal Erbarmen mit unserem Mangel an Kenntnis, unserem Unwissen. Das Brot, das wir in erster Linie und vor allem anderen brauchen, ist sein Wort. Ohne dieses sind wir *»wie Schafe ohne Hirten«.* Ich war Schüler von Joseph Ratzinger. Was die Studenten an Professor Ratzinger besonders geschätzt haben, war sein außergewöhnliches Talent zu lehren. Wir erleben

ihn in seinem Pontifikat als einen Meister des Wortes Gottes, durchdrungen vom Wort Gottes, als einen, der das Wort Gottes lebt und es auf eine ganz besonders lebendige und zugleich so schlichte und klare Weise vermittelt.

Was hat Jesus an jenem Tag gelehrt? Wir wissen es nicht. Aber wir wissen, dass die Menschen ihm mit großer Aufmerksamkeit zugehört haben. *»Noch nie hat ein Mensch so gesprochen«* (Joh 7, 46), sagen die Wachen beim Hohen Rat in Jerusalem. Die Lehre Jesu, wie sie die Evangelien überliefern, ist »Brot des Wortes« für alle Zeiten der Kirche. Sich von seinem Wort durchdringen zu lassen, bedeutet zugleich, sich von seiner Barmherzigkeit durchdringen zu lassen. Das muss in jede Faser unseres Lebens eindringen: vom Worte Jesu geformt werden. Seine Worte rühren unmittelbar von der Quelle aller Barmherzigkeit her, vom Herzen des Vaters. Er sagt nur das, was ihm vom Vater zukommt. Benedikt XVI. pflegt gerne über das Wort Jesu, das bei Johannes aufgezeichnet ist, zu meditieren: *»Das Wort, das ihr hört, stammt nicht von mir, sondern vom Vater, der mich gesandt hat«* (Joh 14, 24). Das Wort Jesu kommt direkt aus dem Herzen des Vaters, aus diesem schöpft er sein Wort und seine Barmherzigkeit.

Die Jünger brauchten lange, um das Wesen der Barmherzigkeit Jesu zu erfassen. Diesen schwierigen Weg ist Jesus mit ihnen gemeinsam gegangen, bis sie seine Barmherzigkeit begriffen und dementsprechend ausgeübt haben. *»O du ungläubige und unbelehrbare Generation! Wie lange muss ich noch bei euch sein und euch ertragen?«* (Lk 9,41; Mk 9,19; Mt 17,17) Wie schwierig ist es doch, voll und ganz in die Barmherzigkeit Jesu einzutreten! Dafür zwei Beispiele. Markus schreibt:

»Und er lehrte sie lange. Gegen Abend kamen seine Jünger zu ihm und sagten: Der Ort ist abgelegen und es ist schon spät. Schick sie weg, damit sie in die umliegenden Gehöfte und Dörfer gehen und sich etwas zu essen kaufen können« (Mk 6,35–36).

Wie schön ist doch dieses Mitleid der Jünger! Aber ich befürchte eher, dass sie am Ende dieses langen Tages die ersten waren, die von den Reden des Meisters genug hatten und ein kräftiges Knurren in der Magengegend verspürten, das ihnen sagte, dass es an der Zeit wäre, endlich zu Abend zu essen. Doch da waren diese vielen Menschen, die ihre Ruhe störten. Deshalb wäre es gut, wenn Jesus »Mitleid hätte« mit dieser Menschenmenge und die Leute wegschickte, sich etwas zu essen zu kaufen!

Diese Art des Mitleids ist verständlich, aber Jesus sieht die Dinge anders. Die Apostel machten wohl ein langes Gesicht, als Jesus zu ihnen sagte: *»Gebt ihr ihnen zu essen!«* Worauf sie ihm in ziemlich gereiztem Ton antworteten: *»Sollen wir weggehen, für zweihundert Denare Brot kaufen und es ihnen* *geben, damit sie zu essen haben?«* – Zweihundert Denare, das wäre der Jahreslohn eines Arbeiters, aber sie hatten doch selber nichts (vgl. Mk 6,35–44).

Hier sehen wir zum ersten Mal, was im Folgenden noch deutlicher werden wird: die Barmherzigkeit Jesu ist nicht nach unserem menschlichen Maß zu messen – sie übersteigt es. Was er von seinen Jüngern erwartet, ist in Wirklichkeit unmöglich. Wir können ihren Vorschlag nur zu gut verstehen: »Es ist Zeit, zu Abend zu essen, es ist höchste Zeit, dass diese Menschen gehen … Wir sind gekommen, um uns auszuruhen, das war vorgesehen, und das hast du uns versprochen!« Jesus hatte ja zuvor gesagt: *»Kommt mit an einen einsamen Ort, wo wir allein sind, und ruht ein wenig aus!«* (Mk 6,31) Doch stattdessen haben sie wieder einen Tag mit vielen Menschen erlebt. Wie anspruchsvoll und schwierig die Barmherzigkeit Jesu doch ist!

Ich komme zu meinem zweiten Beispiel. Diesmal ist der Gegensatz zwischen der Barmherzigkeit Jesu und der seiner Jünger noch offenkundiger. Die Szene ist minutiös von Matthäus überliefert (Mt 15,21–28). Sie ereignete sich jenseits von Galiläa in der heidnischen Region von Tyrus und Sidon. Jesus hatte sich inkognito für einige Tage hierher zurückgezogen. Er wollte nicht, dass man von seinem Aufenthalt wusste. Aber das blieb nicht lange verborgen. Eine kanaanäische Frau aus der Gegend dort näherte sich ihm mit lautem Geschrei: *»Hab Er-*

barmen mit mir, Herr, du Sohn Davids! Meine Tochter wird von einem Dämon gequält.«

Diese arme Frau kommt also zu Jesus und erfleht sein Mitleid, sein Erbarmen. Was tut Jesus? *»Jesus aber gab ihr keine Antwort. Da traten seine Jünger zu ihm und baten: Befrei sie von ihrer Sorge!«* Gewähre ihr doch ihre Bitte! Die Jünger scheinen Mitleid zu empfinden, während Jesus im Gegensatz dazu einen harten, unbeugsamen Eindruck macht. Dabei haben sie freilich ganz offen ihren Beweggrund durchblicken lassen, wenn sie sagen: *»Befrei sie von ihrer Sorge, denn sie schreit hinter uns her.«* – »Gewähre ihr, was sie will, denn sie verfolgt uns mit ihrem Geheule, sie ist uns lästig, sie stört uns …« So also sieht das Mitgefühl der Apostel aus. Wie oft ergeht es auch uns so. Ähnlich wie sie sind wir »mitleidig«, um einen Lästigen loszuwerden. Betrachten wir die Sache ehrlich: wie oft reagieren wir – ob als Bischöfe, ob als Priester – ganz genauso, etwa aufgrund des Drucks der öffentlichen Meinung, weil wir uns vor dem Geschrei und Gezeter der Presse fürchten? Also geben wir nach, halten den Mund, ziehen uns zurück. Das ist genau die Barmherzigkeit, die Jesus nicht von uns will. Aber es ist schwer, sie zu überwinden.

Das Verhalten Jesu mag schockierend sein; es vermittelt uns den Eindruck, er sei erbarmungslos, vor allem als er antwortet: *»Ich bin nur zu den verlorenen Schafen des Hauses Israel gesandt.«* – Diese

Heidin interessiert mich nicht, ich bin für die Juden gekommen und nicht für die Heiden ..., das hier ist nicht mein Problem, selbst wenn sie um mein Mitleid fleht! Das ist gewiss nicht sehr freundlich noch besonders mitfühlend von Jesus.

Lesen wir weiter: *»Doch die Frau kam, fiel vor ihm nieder und sagte: Herr, hilf mir!«* Sie lässt sich nicht entmutigen, lässt nicht locker, klammert sich an die Füße Jesu, wirft sich vor ihm zu Boden und bleibt hartnäckig. Die Ausdruckweise Jesu wird noch schlimmer. Wenn ein Bischof heute so redete, würde man ihn vor Gericht zerren. *»Es ist nicht recht, das Brot den Kindern wegzunehmen und den Hunden vorzuwerfen.«* (Die Juden sprachen von Heiden manchmal abfällig als »Hunden«. Im Mittelalter bedienten sich die Christen desselben Schimpfworts auch für die Juden; in Wien ist eine mittelalterliche Inschrift erhalten, auf der es heißt: »diese Judenhunde« – das war die schlimmste Beleidigung.)

Das Evangelium beschließt die Erzählung: *»Da entgegnete sie: Ja, du hast recht, Herr! Aber selbst die Hunde bekommen von den Brotresten, die vom Tisch ihrer Herren fallen.«* Sie ist sich bewusst, dass sie keinen Anspruch auf diese Hilfe hat, um die sie Jesus bittet. Da »bricht« der Widerstand Jesu, und betroffen antwortet er: *»Frau, dein Glaube ist groß. Was du willst, soll geschehen.«*

Diese Szene berührt mich sehr. Woher diese Kraft, diese Klarheit, diese Nachdrücklichkeit, durch die Jesus diese Frau zu einem so großen Akt des Glaubens hinführt? Es macht uns nachdenklich zu sehen, dass Jesus in seiner Barmherzigkeit so fordernd ist. Er nimmt diese Frau auf einem schweren Weg mit, er fordert sie heraus, er gewährt ihr nicht sofort, was sie will. Es gibt eine gewisse *Strenge* in der Barmherzigkeit Jesu.

Ich möchte etwas länger bei der Meditation über diese »fordernde Barmherzigkeit« Jesu verweilen. Einerseits kann die Barmherzigkeit nicht von unserem Leben sozusagen Besitz ergreifen, ohne dass die Wahrheit unseres Lebens angenommen wird. Andererseits ist die Wahrheit nicht zu ertragen, wenn wir nicht Barmherzigkeit erfahren haben. Nur dank der Barmherzigkeit Gottes können wir unserem eigenen Elend ins Gesicht sehen. Kann es sein, dass diese Frau aus der Haltung Jesu etwas anderes als die scheinbare Härte erfahren hat? Wir wissen es nicht. Aber wenn ich an Padre Pio von Pietrelcina denke, den heiligen Kapuziner, wie hart und fordernd er in seiner Barmherzigkeit sein konnte, zeigt sich, dass wir noch viel davon zu lernen haben, wie die Barmherzigkeit Jesu zu üben ist. Aber ohne grundlegende vorgängige Erfahrung der Barmherzigkeit in ihrem Ursprung gelangt man nicht zur Wahrheit und wird die Wahrheit nicht ertragen können.

In einer Welt ohne Barmherzigkeit versuchen alle, sich selbst zu rechtfertigen. Das eigene Unrecht einzugestehen, ohne Aussicht auf Barmherzigkeit und Vergebung, gleicht dann beinahe geistigem Selbstmord. Nehmen wir als Beispiel Kinder, die von ihren Eltern abgewiesen werden: Sie können ihre Fehler nicht zugeben, weil das die abweisende Haltung ihrer Eltern noch verstärken würde. Aber ein Kind, das weiß, seine Mama, sein Papa wird es in jedem Fall lieben, egal was es getan hat: das wird sich der Mutter in die Arme werfen, wenn es etwas angestellt hat, denn es weiß, dass es geliebt ist. Solange wir noch nicht bis ins Innerste unseres Herzens die Barmherzigkeit Jesu aufgenommen haben, neigen wir ständig dazu, uns selbst für unschuldig zu erklären und die anderen zu beschuldigen. Oder aber es ist die Versuchung, uns entmutigen zu lassen, ja sogar der Verzweiflung zu erliegen, die uns überfällt, wenn wir uns schonungslos unserer Fehler, unserer Sünden bewusst werden, wenn sich unser Elend erbarmungslos vor unseren Augen offenbart.

Die hl. Faustyna hat in ihrem Tagebuch ein zutiefst ergreifendes Zwiegespräch zwischen dem barmherzigen Jesus und einer sündigen Seele übermittelt:

Jesus: »Sündige Seele, fürchte Deinen Erlöser nicht. Ich komme als Erster zu dir, denn Ich weiß, dass du aus dir selbst nicht fähig bist, dich zu Mir zu erheben. Kind, fliehe nicht vor deinem Vater, beginne ein Gespräch ganz allein mit deinem Gott der Barmherzigkeit, Der dir selbst Seine Worte der Vergebung sagen und dich mit Seinen Gnaden überschütten will. O wie wertvoll ist Mir deine Seele. Ich habe dich in Meine Hände eingeschrieben und du hast dich mit einer tiefen Wunde in Mein Herz geprägt.«

Seele: »Herr, ich höre Deine Stimme, die mich vom falschen Weg zur Umkehr ruft, aber ich habe weder Mut noch Kraft.«

Jesus: »Ich bin deine Kraft. Ich will dir Stärke geben zum Kampf.«

Seele: »Herr, ich erkenne Deine Heiligkeit und fürchte mich vor Dir.«

Jesus: »Weshalb fürchtest du dich, Mein Kind, vor dem Gott der Barmherzigkeit? Meine Heiligkeit hindert Mich nicht, dir gegenüber barmherzig zu sein. Siehe, Seele, für dich habe ich den Thron der Barmherzigkeit auf Erden gegründet, dieser Thron ist der Tabernakel – und von ihm will Ich herabsteigen in dein Herz. Siehe, Ich habe Mich weder mit einem Gefolge noch mit Wächtern umgeben. Du hast zu jeder Zeit Zutritt zu mir. Ich will zu jeder Tageszeit mit dir reden und dir Gnaden schenken.«

Seele: »Herr, ich befürchte, dass Du mir die große Sündenzahl nicht vergeben wirst; mein Elend erfüllt mich mit Bangen.«

Jesus: »Meine Barmherzigkeit ist größer als dein Elend und das Elend der ganzen Welt. Wer kann Meine Güte ermessen? Für dich bin Ich vom Himmel auf die Erde herabgekommen; für dich habe Ich mich an das Kreuz nageln lassen; für dich ließ Ich mit der Lanze Mein Heiligstes Herz öffnen und somit öffnete Ich für dich die Quelle der Barmherzigkeit. Komme und schöpfe mit dem Gefäß des Vertrauens Gnaden aus dieser Quelle. Ein demütiges Herz weise Ich niemals zurück. Dein Elend versank im Abgrund Meiner Barmherzigkeit. Weshalb solltest du um dein Elend mit Mir streiten? Komme Mir entgegen und gib Mir alle deine Not und dein Elend und Ich werde dich mit Meinen Schätzen erfüllen.«

Seele: »Herr, Du hast mit Deiner Güte mein steinernes Herz besiegt. Voll Vertrauen und Demut komme ich zum Tribunal Deiner Barmherzigkeit. Erteile mir durch die Hand Deines Stellvertreters Nachlass der Sünden. O Herr, ich fühle, wie Gnade und Friede über meine arme Seele herabfließen. Ich fühle, Herr, wie mich Deine Barmherzigkeit umfängt und durchdringt. Du hast mir mehr verziehen, als ich zu erwarten wagte und zu denken vermochte. Deine Güte überstieg alle meine Wünsche. Jetzt aber, vom Dank erfüllt, für die vielen Gnaden, lade ich Dich ein in mein Herz. Ich irrte umher, wie ein verlorenes Kind, das auf Abwege geriet, aber Du bist mir Vater geblieben. Vervielfache in mir Deine Barmherzigkeit, denn Du siehst, wie schwach ich bin.«

Jesus: »Kind, sprich nicht mehr von deinem Elend, denn Ich habe es schon vergessen. Höre, mein Kind, was Ich dir zu sagen habe: Schmiege dich an Meine Wunden und schöpfe aus der Quelle des Lebens alles, was dein Herz begehrt. Trinke üppig aus der Quelle des Lebens und du bleibst während der Reise nicht stecken. Schaue den Glanz Meiner Barmherzigkeit und fürchte die Feinde deiner Erlösung nicht. Preise Meine Barmherzigkeit.« (Tagebuch 1485)

2. Die Beichte – »Tribunal der Barmherzigkeit«

Die hl. Faustyna, die als erste Heilige des neuen Jahrtausends von Johannes Paul II. am Weißen Sonntag, dem Sonntag der Barmherzigkeit, des Jubiläumsjahres 2000 heiliggesprochen wurde, bezeichnet die Beichte als »Tribunal der Barmherzigkeit« (Tagebuch 975).[16] Was hat dieses Sakrament von einem Gericht an sich? Und vor allem was davon gilt für unser persönliches Handeln als Priester und Bischöfe in der Seelsorge? Hier in Ars gilt es, sich daran zu erinnern, wie der hl. Pfarrer von Ars den Umgang mit diesem Sakrament in einmaliger Weise vorgelebt hat. Der Pfarrer von Ars und Padre Pio – um nur zwei große Beichtväter als Beispiele zu nennen – zeigen uns, wie tief dieses Sakrament im Zentrum unseres Priesterlebens verankert ist.

In unseren europäischen Ländern – mit einigen Ausnahmen – nimmt die Beichtpraxis immer mehr ab, mancherorts ist die Beichte beinahe aus dem Leben der Christen verschwunden. Und doch gibt es auch heute noch einige Orte, wo das Bußsakrament blüht. Ich denke dabei im Besonderen an den Wallfahrtsort Medjugorje, der seit achtundzwanzig Jahren immer mehr zu einer Hochburg des Sakraments der Versöhnung geworden ist; Tausende und Abertausende Menschen legen dort die Beichte ab. Die offizielle Haltung der Kirche in Bezug auf Medjugorje ist bekannt. Sie hat sich seit der Erklärung der ehemaligen gesamtjugoslawischen Bischofskonferenz im Jahr 1991 nicht geändert und ist mehrmals von der Kongregation für die Glaubenslehre bestätigt worden. Sie lässt sich in drei Punkte gliedern:

1. *Non constat de supernaturalitatae.* Das bedeutet: Es ist nicht sicher, dass die Phänomene übernatürlicher Art sind, aber auch nicht ausgeschlossen. Die Kirche verneint diese Möglichkeit nicht, sondern lässt sie offen. Das Urteil der Kirche ist nicht gesprochen.
2. Folglich ist es nicht erlaubt, offizielle Pilgerreisen, zum Beispiel eine Diözesanwallfahrt, dorthin zu unternehmen.
3. Nachdem sich aber viele Gläubige an diesen Ort begeben, wird den Priestern empfohlen, für spirituelle Betreuung der Pilger zu sorgen. Genau das geschieht auch seit achtundzwanzig Jahren.

Mit diesen drei Richtlinien kann Medjugorje weiter wirken und dabei die gesamte Kirche mit seinen Gnaden bereichern. Was diese Pilgerstätte besonders auszeichnet, sind die *Beichten.* So oft habe ich schon gehört, was für eine tiefe Erfahrung die Beichte in Medjugorje für meine priesterlichen Mitbrüder bedeutet hat. Viele von uns erleben die Beichte (und den Beichtstuhl) in Medjugorje als Wiederentdeckung.

Wir haben diesen Dienst so sehr nötig, um unser priesterliches Leben auszuüben. Als Bischof habe ich zu wenig Gelegenheit, dieses Sakrament zu spenden – oder vielmehr: ich nehme mir leider nicht genug Zeit, mich ihm zu widmen. Aber ich glaube, wir Bischöfe täten gut daran, weniger zu konferieren und uns dafür öfter in den Beichtstuhl zu begeben. Meine Erfahrung ist jedenfalls, dass ich jedes Mal, wenn ich eine oder zwei Stunden im Beichtstuhl des Doms in Wien verbracht habe, ihn aufgebaut verlasse, gestärkt und in meiner priesterlichen Berufung bestätigt. Im Wiener Stephansdom kann das Sakrament der Versöhnung täglich von sechs Uhr morgens bis zehn Uhr abends empfangen werden, und die Priester, die dort den Gläubigen zur Verfügung stehen, sind Gott sei Dank nie arbeitslos. Dagegen ist in vielen Pfarren dieses Sakrament praktisch verschwunden. Was soll man tun? Wir sind, zumindest in unseren Breiten, hinsichtlich der Beichte zu wenig gefragt und ziehen die Konsequenz daraus: Man steht meist nur in kurzen regelmäßigen Anwesenheitszeiten für dieses Sakrament zur Verfügung. Aber das führt wiederum dazu, dass noch weniger gebeichtet wird. Sind unsere Beichtstühle leer, weil keine Leute kommen oder kommen sie nicht, weil es zu wenig Angebot von unserer Seite gibt?

Hier das Zeugnis eines alten Priesters aus einem Dorf am Stadtrand von Wien, der kürzlich in seinem fünfundachtzigsten Lebensjahr in den Ruhestand getreten ist: Seit Jahrzehnten war er jeden Tag um halb fünf Uhr früh im Beichtstuhl. Die Menschen in der gesamten Umgebung wussten, dass »der Herr Pfarrer« dort zu finden war. Auf dem Weg zur Arbeit nach Wien oder in die Umgebung machten viele einen kleinen Umweg zu diesem Dorf, um zu beichten. Er war immer da. Er hatte sogar seinen Beichtstuhl etwas vergrößert, sodass er darin seine Morgengymnastik praktizieren konnte. Er las, betete und wartete – und war einfach da. Er war einer der besten Pfarrer auch für junge Menschen und wurde von ihnen geliebt. Ich kann diesem bewundernswerten Priester nur meine Anerkennung zollen.

In der Wiener Erzdiözese haben wir unsere »Priestertage« dem Thema der Beichte, der Feier der Versöhnung gewidmet. Ein weithin einstimmiges Ergebnis war die Erkenntnis von der dringenden Notwendigkeit, fixe und gleichbleibende Zeiten für die Beichten festzusetzen. Aber ebenso klar ist im Laufe dieser Tage die Frage der Voraussetzung zutage getreten: unsere eigene Praxis der Feier der Versöhnung. Wie praktizieren wir sie selbst, welche Bedeutung hat sie in unserem eigenen Leben? Wenn wir selbst nicht beichten, kann es dann überraschen, dass die Gläubigen ihrerseits von diesem Sakrament keinen großen Gebrauch machen?

Wie soll man dieses Sakrament wiederentdecken, wiederaufleben lassen? Ich spreche jetzt von der Erfahrung in unseren deutschsprachigen Ländern; ich weiß, dass anderswo die Erfahrungen ganz anders aussehen können. Gewiss hat es keinen Sinn, von Zeiten der Massenbeichten vor Weihnachten und Ostern zu träumen, wie wir sie vor dem Konzil in den Fünfzigerjahren gekannt haben. In meiner Kindheit gab es vor den Beichtstühlen noch Warteschlangen. In Wien zählte eine Kirche in der Nähe eines großen Bahnhofs zwölf Beichtstühle, und jeden Tag stellten sich die Leute in Schlangen vor ihrem Arbeitstag bei diesen zwölf Beichtstühlen an.

Es scheint mir notwendig, den österlichen Aspekt dieses Sakraments wiederzuentdecken. Denn der Ausgangspunkt und die Quelle dieses Sakraments liegen bei Jesus. Sein Kreuzesopfer ist der Ursprung aller Versöhnung. Der rechte Schächer ist der erste, der von dieser Quelle die Versöhnung empfängt: *»Heute noch wirst du mit mir im Paradies sein.«* (Lk 23, 43) Jesus verleiht die Macht, die Sünden zu vergeben – das ist sein großes Ostergeschenk und es ist die erste Gabe, die er den Aposteln nach seiner Auferstehung am Ostertag verleiht:

»Jesus sagte noch einmal zu ihnen: Friede sei mit euch! Wie mich der Vater gesandt hat, so sende ich euch. Nachdem er das gesagt hatte, hauchte er sie an und sprach zu ihnen: Empfangt den Heiligen Geist! Wem ihr die Sünden vergebt, dem sind sie vergeben; wem ihr die Vergebung verweigert, dem ist sie verweigert« (Joh 20, 21–23).

Was mich an dieser österlichen Szene so berührt und betroffen macht, ist die Tatsache, dass Jesus seinen Jüngern nichts vorwirft. Im Gegenteil, er wünscht ihnen zur Begrüßung den Frieden und vertraut ihnen die österliche Gabe schlechthin an: die Vergebung der Sünden. Jesus hätte allen Grund gehabt, ihnen Vorhaltungen zu machen: sie hatten ihn alle im Stich gelassen – außer Johannes. Sie hätten sich nicht einmal um seinen Leichnam gekümmert: sie hätten ihn am Kreuz zurückgelassen, allein, von wo er dann in ein Massengrab geworfen worden wäre, wie es der Brauch war für Gekreuzigte, deren Leichnam niemand entgegennahm. Hätte es nicht diese beiden »heiligen Laien« Nikodemus und vor allem Josef von Arimathäa gegeben – die Jünger hätten, verängstigt, voll Furcht vor den Juden, den Leichnam Jesu den römischen Soldaten überlassen. Was für eine Schande ist doch dieses Verhalten der Jünger! Dennoch hat Jesus ihnen keinerlei Vorwurf gemacht.

Er trug Maria Magdalena auf: *»Geh aber zu meinen Brüdern und sag ihnen …«* (Joh 20,17). Jesus nennt sie »seine Brüder« – trotz ihres wenig rühmlichen Benehmens und ihrer Feigheit. Am Osterabend, als er durch die geschlossenen Türen eintritt, begrüßt er sie ohne Vorwurf mit diesen Worten: *»Der Friede sei mit euch.«* Und statt ihnen ihre Sünden aufzuzählen, schenkt er ihnen die Macht, sie zu vergeben.

Liegt nicht hier der zentrale Aspekt für die Wiederentdeckung des Sakraments der Versöhnung: *seine* Vergebung, *sein* Mitleid? In der Tat –

Jesus hat uns im Voraus vergeben. Seine Barmherzigkeit kommt allen unseren Sünden zuvor. Das stellt alle unsere Vorstellungen auf den Kopf. Wir glauben, Gott vergibt uns, wenn wir uns ändern. Doch das Gegenteil ist der Fall: eben *weil* wir die unfassbare Vergebung Jesu finden, bekehren wir uns und ändern uns. Es ist manchmal wahrhaftig nicht leicht, uns in diese Logik hineinzudenken. *»Wir wollen lieben, weil er uns zuerst geliebt hat«* (1 Joh 4, 19).

Für einen ehemaligen Professor der Dogmatik mag es ungewöhnlich sein, eine einfache Ordensfrau als wichtigstes Beispiel zu nehmen, wenn vom Sakrament der Versöhnung die Rede ist. Und ich kann verstehen, dass P. Rózycki, Professor für Dogmatik und Doktorvater von Karol Wojtyła, sich sträubte, als dieser ihn bat, das »Tagebuch« der Sr. Faustyna zu studieren. Er nannte es verärgert: »Frömmeleien einer Nonne«. Aber er hat das Buch auf Ersuchen von Kardinal Wojtyła doch gelesen – in einem Zug, in einer Nacht. Am nächsten Tag bat er Karol Wojtyła um Vergebung für sein Vorurteil, denn er war tief betroffen, was diese einfache Ordensfrau von Jesus über die Barmherzigkeit Gottes empfangen hat.

In seinem wunderbaren Buch *Die Theologie der Heiligen* beginnt P. François-Marie Léthel OCarm mit folgender starker und provokanter Feststellung: »Alle Heiligen sind Theologen. Allein die Heiligen sind Theologen.«

Die Heiligkeit ersetzt nicht akademische Studien der Theologie, die immer notwendig sind. Aber sie gewährt Zugang zu der Realität, von der in der gelehrten Theologie die Rede ist. Hans Urs von Balthasar hat von der »experimentellen Dogmatik« der Heiligen gesprochen. Gehen wir also zu Sr. Faustyna, einer einfachen Ordensfrau, damit wir uns von ihr über das Sakrament der Versöhnung belehren lassen können. Im Unterschied zu der Kleinen Thérèse, die anscheinend keine Visionen oder Erscheinungen (außer der »Muttergottes des Lächelns«) erlebt hatte, wurde die hl. Faustyna in großem Maß mit Erscheinungen und Worten Jesu beschenkt. Lesen wir, was sie über die Beichte berichtet:

»Heute sagte mir der Herr: ›Tochter, wenn du zur heiligen Beichte kommst, zur Quelle meiner Barmherzigkeit, fließt stets auf deine Seele Mein aus dem Herzen quellendes Blut und Wasser und veredelt deine Seele. Jedes Mal, wenn du zur heiligen Beichte gehst, tauche mit großem Vertrauen in Meiner Barmherzigkeit unter, damit Ich über Deine Seele die Fülle Meiner Gnaden ergießen kann. Wenn du zur Beichte kommst, wisse, dass Ich Selbst im Beichtstuhl auf dich warte. Ich verhülle Mich nur mit dem Priester, aber in der Seele wirke Ich Selbst. Hier begegnet das Elend der Seele dem Gott der Barmherzigkeit. Sage den Seelen, dass sie aus dieser Quelle der Barmherzigkeit nur mit dem Gefäß des Vertrauens schöpfen können. Wenn ihr Vertrauen groß ist, ist Meine Freigebigkeit grenzenlos. Ströme Meiner Gnade überfluten demütige Seelen. Hochmütige sind immer in

Armut und Elend, denn Meine Gnade wendet sich von ihnen ab, hin zu den demütigen Seelen.‹« (Tagebuch 1602)

Daraus lassen sich drei Elemente herauslesen. Jesus sagt: »Ich selbst erwarte dich im Beichtstuhl.« Wie wichtig ist es doch, dass wir nicht vergessen: Christus ist es, der uns tauft, Christus ist der »Zelebrant« der Eucharistie – und Christus ist es, der mir meine Sünden erlässt (vgl. II. Vatikanisches Konzil, *Sacrosanctum Concilium* Art. 7). Der Priester ist das Instrument, aber der Herr ist es, der wirkt. Dieser Text enthält auch eine Anspielung auf das Elend, die Sündhaftigkeit des Menschen. Sich das bewusst zu machen bedeutet gewissermaßen, Gott zu »drängen«, sein Erbarmen an uns zu erweisen. Das Vertrauen und die Demut werden am Ende dieses Textes angesprochen – hier haben wir alle großen Themen vor uns, die der Herr der hl. Faustyna ans Herz gelegt hat. Allen, die versuchen, als ehrliche Christen zu leben, und die sich der Mühe der Beichte unterziehen, will die hl. Faustyna drei Ratschläge erteilen:

»Wieder möchte ich einer Seele, die entschlossen Heiligkeit anstrebt und auch Früchte, das heißt Nutzen aus der Beichte ziehen will, drei Worte anempfehlen.

Erstens – unbedingte Aufrichtigkeit und Offenheit. Auch der heiligste und klügste Beichtvater kann der Seele nicht mit Gewalt einflößen, was er möchte, wenn die Seele nicht aufrichtig und offen ist. Eine unaufrichtige, verschlossene Seele begibt sich im geistigen Leben in große Gefahren, und Jesus selbst teilt sich einer solchen Seele nicht in höherem Maße mit, denn Er weiß, dass sie von diesen besonderen Gnaden keinerlei Nutzen davontragen würde.

Das zweite Wort – Demut. Die Seele nutzt das Bußsakrament nicht gebührend, wenn sie nicht demütig ist. Hochmut hält die Seele in Dunkelheit. Sie weiß nichts und will sich nicht gründlich in den Abgrund ihres Elends vertiefen; sie verstellt sich und meidet alles, was sie heilen sollte.

Das dritte Wort – Gehorsam. Eine ungehorsame Seele trägt keinen Sieg davon, sogar wenn Jesus Selbst ihre Beichte abnehmen würde. Der erfahrenste Beichtvater kann einer solchen Seele nicht helfen. Eine ungehorsame Seele begibt sich in großes Unglück, sie macht keinerlei Fortschritte in ihrer Vervollkommnung und kommt mit dem geistigen Leben nicht zurecht. Gott überhäuft die Seele mit Seinen Gnaden, aber nur die gehorsame Seele.« (Tagebuch 113)

Diese drei Eigenschaften – Aufrichtigkeit, Demut und Gehorsam – muss man im Herzen haben, denn sie sind die unerlässlichen Voraussetzungen für jede gute Beichte.

a. Aufrichtigkeit

»Der Beichtvater ist Seelenarzt. Wie kann also ein Arzt, der die Krankheit nicht kennt, eine entsprechende Arznei verordnen?« (Tagebuch 112) Wie weit soll man in seiner Aufrichtigkeit und Ehrlichkeit gehen? Die hl. Faustyna spricht oft von der Wichtigkeit kleiner Dinge:

»Es kommt vor, dass der Beichtvater geringe Dinge nicht beachtet. Im geistigen Leben ist aber nichts zu gering. Manchmal decken scheinbar kleine Dinge sehr gewichtige Sachen auf und sind für den Beichtvater wie ein Lichtstrahl für die Seelenerkenntnis. Viele geistige Schattierungen stecken in unscheinbaren Dingen.

Ein großer Bau kann nicht entstehen, wenn wir kleine Ziegelsteine wegwerfen. Von mancher Seele verlangt Gott große Reinheit, deshalb schenkt er ihr tiefere Erkenntnis ihres Elends. Mit himmlischem Licht erleuchtet, erkennt sie besser, was Gott gefällt – und was nicht. Die Sünde entspricht der Erkenntnis und dem Licht der Seele. Genauso die Unvollkommenheit, obwohl die Seele weiß, dass streng genommen die Sünde ins Bußsakrament gehört; aber die kleinen Dinge spielen eine große Rolle im Streben nach Heiligkeit, deshalb darf sie der Beichtvater nicht gering schätzen. Geduld und Milde des Beichtvaters öffnen den Weg zu den tiefsten Geheimnissen der Seele. Sie enthüllt fast unbewusst ihre abgründige Tiefe und fühlt sich stärker und widerstandsfähiger; sie kämpft mutiger, bemüht sich mehr, da sie weiß, dass sie darüber Rechenschaft ablegen muss.« (Tagebuch 112)

Oft fragen wir uns: »Was wird der Priester von mir denken, wenn ich wirklich ganz ehrlich bin und mich nicht ein wenig verstelle in Bezug auf das, was ich getan habe?« Padre Pio übte in dieser Hinsicht eine harte Vorgangsweise: denen, die nicht aufrichtig waren bei ihrer Beichte, zählte er die »vergessenen« Punkte auf. Es ist so wichtig, dass wir unser Elend nicht beschönigen, aber es ist zugleich auch so schwer, wirklich bei der Wahrheit zu bleiben. Meine Praxis als Beichtvater sagt mir, dass es zu den wichtigsten Erfahrungen im priesterlichen Dienst gehört, wenn Menschen, die beichten, aufrichtig sind. Das formt auch uns, das verwandelt uns, das fördert unsere Demut und unsere Bewunderung.

Folglich muss ich an dieser Stelle aus der Erfahrung eines Beichtvaters sagen: Es sind immer die in Demut aufrichtigen Beichten, die den tiefsten Eindruck hinterlassen. So erklärt es auch die hl. Faustyna: »Manchmal kostet eine Kleinigkeit mehr als etwas Größeres.« (Tagebuch 225) Es ist eine Gnade für den, der die Beichte abnimmt: alles, was ihm im Laufe einer Beichte eingestanden wird, ist anschließend bei ihm wie »vergraben« – nicht immer vergessen, aber er ist nicht mehr davon belastet. Es ist in das Feuer der Liebe Gottes geworfen.

Schließlich: die Beichtenden wissen gar nicht, welchen Dienst sie uns Priestern durch ihre Beichte erweisen. Ein Priester, der jemandem nicht sofort sympathisch ist, kann selbst tiefe Gnaden erhalten, um dem Beichtenden zu Hilfe kommen zu können. Eine Beichte abzunehmen ist ein großer Segen für uns Priester. Das hilft uns auch, selbst besser zu beichten und uns erbauen zu lassen. Der Priester erfährt durch die Ehrlichkeit der Beichtenden Erfüllung – und durch die Tatsache, selbst Instrument Jesu zu sein. Man muss den Gläubigen sagen, was sie uns Gutes tun, wenn sie zu uns beichten kommen und uns um die Abnahme der Beichte bitten!

Aber es soll auch nicht so sein, dass die Aufrichtigkeit in exzessive Gewissensbisse ausartet. Diese Versuchung durchlebte die hl. Faustyna. Sie hält in ihrem Tagebuch fest:

»Am nächsten Tag spürte ich ganz deutlich die Worte: ›Siehst du, Gott ist so heilig und du bist sündig. Trete nicht an Ihn heran und beichte tagtäglich.‹ Tatsächlich kam mir alles, was ich nur dachte, als Sünde vor. Ich ließ aber die heilige Kommunion nicht aus und zur Beichte beschloss ich zur gegebenen Zeit zu gehen, denn ich hatte kein erkennbares Hindernis. Als der Beichttag nahte, bereitete ich eine ganze Fuhre Sünden zur Anklage vor. Am Beichtgitter ließ mich Gott nur zwei meiner Unvollkommenheiten zur Anklage bringen, obwohl ich mich anstrengte so zu beichten, wie ich mich vorbereitet hatte. Als ich den Beichtstuhl verließ, sagte mir der Herr: ›Meine Tochter, alle Sünden, die du beichten wolltest, sind in Meinen Augen keine Sünden, deshalb nahm Ich dir die Möglichkeit sie auszusprechen.‹ Ich erkannte, dass der Satan meinen Frieden stören wollte und mir übertriebene Gedanken eingab.« (Tagebuch 1802)

b. Demut

Die zweite notwendige Voraussetzung für eine gute Beichte ist die Demut. Sie liegt der Wahrheit sehr nahe, zumal es sich darum handelt, sich selbst so zu sehen, wie man wirklich ist.

»O mein Jesus, zum Dank für viele Gnaden opfere ich Dir meine Seele und meinen Leib auf, meinen Verstand, meinen Willen und alle Regungen meines Herzens. Mit den Gelübden habe ich mich Dir ganz hingegeben; ich besitze nichts mehr, was ich Dir noch schenken könnte. Jesus sagte mir darauf: ›Meine Tochter, du hast Mir nichts geschenkt, was tatsächlich dein ist.‹ Ich ging in mich und erkannte, dass ich Gott mit aller Kraft meiner Seele liebe. Ich konnte nicht sehen, was ich dem Herrn nicht gegeben hätte. So fragt ich: ›Jesus, sage es mir und ich will es Dir sofort mit der ganzen Fülle meines Herzens geben.‹ Jesus sagte gütig: ›Tochter, schenke mir dein Elend, denn das ist ausschließlich dein Eigentum.‹ – In diesem Moment wurde meine Seele von einem Lichtstrahl erhellt und ich sah den ganzen Abgrund meines Elends. Sofort schmiegte ich mich mit so großem Vertrauen an das Heiligste Herz Jesu, dass ich – auch wenn ich auf meinem Gewissen alle Sünden der Verdammten hätte – an Gottes Barmherzigkeit nicht gezweifelt, sondern mich mit einem zu Staub zerriebenen Herzen in den Abgrund Seiner Barmherzigkeit gestürzt hätte. Ich glaube daran, Jesus, dass Du mich nicht von Dir gewiesen, sondern durch die Hand Deines Stellvertreters die Sünden nachgelassen hättest.« (Tagebuch 1318)

Es gibt nur eine einzige Grenze für die göttliche Barmherzigkeit – nämlich zu glauben, sie sei begrenzt. Das ist die große Versuchung Kains: *»Zu groß ist meine Schuld, als dass ich sie tragen könnte«* (Gen 4,13), oder des Judas (vgl. Mt 27,3–10). Keine Schuld ist zu groß, wenn sie bekannt, eingestanden und voll Vertrauen in das Feuer der göttlichen Barmherzigkeit geworfen wird. Aber die Schuld nagt an einem; wenn sie nicht ausgesprochen, eingestanden und bekannt wird, dann ist sie auch schwer zu ertragen, sie ist wie ein infektiöser Herd, der auf unsichtbare Weise alles ansteckt.

Das gilt auch für alles, was den Schutz des ungeborenen Lebens betrifft. Wir werden erst weiterkommen, wenn die Bürde der Schuld an Kindern, die getötet werden, eine Schuld, wie sie millionenfach wiederholt wird, die Barmherzigkeit Gottes erfährt. Erst dann kann dieser Schuld ins Auge gesehen und sie beim Namen genannt werden. Solange der schreckliche Vorwurf, »Wir haben Kinder getötet«, im Raum bleibt, hat man das Bedürfnis, die Schuld zu verdrängen. Sie ist zu schwer zu ertragen. Aber wenn man sie verdrängt, behält man sie. Das gilt für alle Schuld, die nicht die Barmherzigkeit Gottes erfahren hat. Wir können es uns nicht leisten, unsere Schuld zu bekennen, wenn dies in öffentliche Ächtung und Verurteilung ausartet. Aber Jesus kann ich alles gestehen, weil ich weiß: ich werde von seiner Barmherzigkeit sehnlichst erwartet.

»Wären auch die Sünden der Seelen schwarz wie die Nacht – wenn der Sünder sich an Meine Barmherzigkeit wendet, erweist er Mir die größte Ehre und wird zum Lob Meines bitteren Leidens. Wenn eine Seele Meine Güte preist, erzittert der Satan vor ihr und flieht bis auf den Grund der Hölle.« (Tagebuch 378)

So etwas zu verkünden, ist nicht nur auserwählten Seelen vorbehalten. Die Tragweite der Barmherzigkeit für unsere Gesellschaft ist sehr groß. Im Vertrauen auf die Barmherzigkeit muss die Schuld nicht mehr verdrängt werden, sondern kann benannt werden und Heilung erlangen. Die Neuentdeckung der Beichte ist für die Kirche zu wünschen, aber sie ist auch für die ganze Gesellschaft wichtig. Wir müssen von Neuem lernen, die Schuld in ihrer Realität zu betrachten, wissend, dass die Barmherzigkeit Gottes alle Schuld – und sei es die allergrößte und allertiefste – besiegen kann.

c. Gehorsam

Das dritte Element ist der Gehorsam, und hier berührt man einen Punkt, der die meisten Einwände in Bezug auf die Beichte hervorruft. Es ist unangenehm, jemandem zu beichten. Warum soll ich bei einem Priester eine Beichte ablegen? Er ist doch ein Sünder wie ich, ein Mensch wie alle anderen. Ich kann das doch allein mit Gott ausmachen. Die hl. Faustyna hatte einmal eine solche Versuchung verspürt:

»Eine starke Versuchung. Der Herr ließ mich erkennen, wie lieb Ihm ein reines Herz ist, wodurch mir eine tiefere Erkenntnis meines eigenen Elends zuteil wurde. Als ich mich zur heiligen Beichte vorzubereiten begann, drangen starke Versuchungen gegen die Beichtväter auf mich ein. Ich sah den Satan nicht, aber ich spürte ihn und seine furchtbare Wut. – ›Ja, das ist nur ein gewöhnlicher Mensch‹ – ›Aber doch ungewöhnlich, denn er hat die Macht Gottes.‹ – ›Ja, sich seiner Sünden anzuklagen, fällt nicht schwer, aber die geheimsten Herzenswinkel zu enthüllen, Rechenschaft abzugeben über das Wirken der Gnade Gottes, jede Forderung Gottes zu erwähnen, alles was zwischen mir und Gott geschieht, das alles einem Menschen zu sagen – das übersteigt die Kräfte.‹ Ich fühlte, dass ich mit Mächten streite und ich rief: ›O Christus, Du und der Priester seid eins; ich gehe zur Beichte zu Dir und nicht zum Menschen.‹ Als ich zu beichten begann, enthüllte ich zuerst meine Schwierigkeiten. Der Priester sagte, ich hätte es nicht besser tun können, als diese schweren Versuchungen zuallererst aufzudecken. Nach der Beichte waren sie alle verschwunden; meine Seele war von Frieden erfüllt.« (Tagebuch 1715)

Es ist lästig, vor jemandem die Beichte abzulegen, und das wird es immer sein, aber es ist notwendig und heilsam. Ich setze einen Akt des Vertrauens, dass durch den Priester als Vermittler Jesus zu mir spricht. Wie oft ist das erfahren worden! Gewiss ist es angebracht, eine Unterscheidung zu treffen zwischen dem Beichtvater und dem geistlichen Begleiter. Es ist eine heikle Sache, einen »Führer des Gewissens« zu finden. Die hl. Faustyna hatte dieses Glück, es war eine Vorsehung Gottes, die sie im seligen Michal Sapocko († 1975) einen hervorragenden geistlichen Begleiter finden ließ. Nicht jeder hat ein solches Glück, aber jeder hat die Möglichkeit, zu einem Priester zu gehen, sei er noch so armselig, und ihm ganz einfach seine Sünden zu beichten – im Wissen, dass Jesus zu ihm spricht. Die hl. Faustyna kommentiert die Mission, die Jesus ihr aufgetragen hat, und meint, diese beträfe uns alle:

»Schreibe, spreche über Meine Barmherzigkeit. Sage den Seelen, wo sie Trost suchen sollen – im Tribunal der Barmherzigkeit, dort gibt es die größten Wunder, die sich ununterbrochen wiederholen. Um dieses Wunder zu erreichen, bedarf es keiner weiten Pilgerfahrt, auch nicht äußerer Zeremonien, sondern es genügt, zu Füßen Meines Stellvertreters gläubig hinzutreten und vor ihm sein Elend auszusprechen. Dann zeigt sich das Wunder der Barmherzigkeit in seiner ganzen Fülle. Auch wenn die Seele wie eine verwesende Leiche wäre und eine Belebung, menschlich gesehen, ausgeschlossen und alles schon verloren – so ist es anders bei Gott. Das Wunder der Barmherzigkeit Gottes belebt die Seele vollends. Ihr Armseligen, die ihr das Wunder der Barmherzigkeit Gottes für euch nicht in Anspruch nehmt, ihr werdet vergeblich rufen, weil es dann zu spät sein wird.« (Tagebuch 1448)

Seien wir also Zeugen der Barmherzigkeit und bitten wir Jesus, unser Herz, unseren Sinn, unsere Gefühle, unsere Augen, unsere Ohren, unseren Mund, unsere Hände und Füße dafür heranzubilden, wie die hl. Faustyna in ihrem großen Gebet bittet, um vollkommen geformt zu sein, geprägt von der Barmherzigkeit Jesu, um lebende Zeugen für sie zu sein.

III. Gebet und geistiger Kampf

»Beten bedeutet Kampf«, sagt der Katechismus. Und wer wüsste das nicht zu bestätigen! Der Katechismus sagt auch: »Der geistige Kampf des neuen Lebens des Christen lässt sich nicht vom Kampf des Betens trennen« (KKK 2725). Weiters heißt es dort: »Wir beten, wie wir leben, weil wir leben, wie wir beten« (KKK 2725). Und ich füge dem noch das Zitat eines heiligen Zeugen des Gebets hinzu, nämlich von Alphons von Liguori. Auch das ist dem Katechismus entnommen, seinem vierten, so schönen und bereichernden Teil: »Wer betet, wird sicherlich gerettet; wer nicht betet, verdammt sich sicherlich.« (KKK 2744) Es ist also eine Frage von Leben oder Tod, von Glück oder Unglück.

1. Das Glück des Gebets

Es scheint mir verwegen, wenn ich jetzt eine Betrachtung über das Gebet in Angriff nehme, wo ich doch bestenfalls ein Neuling in der Sache des Betens bin. Warum ich es dennoch wage? Es sind die Erfahrungen, das Beten anderer – nicht mein eigenes – zu beobachten, die mich bestärken, darüber zu sprechen; die Erfahrungen anderer, die darin ein Beispiel gegeben und auch in mir die Sehnsucht, den Durst nach dem Gebet geweckt haben. Denn es gibt durchaus so etwas wie eine ansteckende Kraft des Gebets anderer. Also wage ich, über das Gebet zu sprechen, auch wenn ich es nur in Form der Sehnsucht nach dem Gebet besitze – oder der Sehnsucht, mich nach dem Gebet zu sehnen. Zugleich weiß ich aber auch, dass das ein einzigartiges Glück ist; wer diese Freude einmal verkostet hat, wird eine unauslöschliche Erinnerung daran bewahren.

Bevor ich vom Kampf des Gebets spreche, sollte ich von der Freude des Gebets sprechen. »O wie schön ist doch das Gebet!«, liest man beim hl. Pfarrer von Ars.[17]

»Die Seele fühlt sich beim Gebet wie ein Fisch im Wasser; je mehr Wasser den Fisch umgibt, desto wohler fühlt er sich. Je mehr sich die Seele dem Gebet hingibt, desto glücklicher ist sie.«

»Im Gebet liegt das ganze Glück des Menschen auf Erden. Wie schön ist doch diese Vereinigung der Seele mit Unserem Herrn: die Ewigkeit ist ein Bad der Liebe, in welches die Seele eintaucht. Gott hält dabei das Herz des Menschen sanft in seinen Händen wie eine Mutter den Kopf ihres Kindes, um es mit Küssen und Zärtlichkeiten zu überschütten.«

Der hl. Pfarrer von Ars wird nicht müde, vom Glück des Gebets zu sprechen:

»Was für ein Glück das Beten für den Menschen doch bedeutet: wir nichtigen Geschöpfe dürfen mit dem so großen und mächtigen Gott sprechen.«

Niemand, der auch nur einmal den Pfarrer von Ars beten gesehen hat, konnte je vergessen, wie glücklich sein Gesicht strahlte.

Mögen die folgenden Gedanken uns einladen, dieses Glück des Gebets wieder zu finden, wenn es uns ein wenig verloren gegangen ist, und es auszuloten und zu vertiefen, wenn wir es bereits kennen. Für mich stellt sich die große Frage: wenn das Gebet ein solches Glück ist, warum meiden wir es dann so sehr? Ich erlaube mir, hier ein wenig über meine persönliche Erfahrung mit dem Gebet auszuholen.

Nach dem Konzil, nach 1965 ist das religiöse Leben der Orden, der Dominikaner mit voller Wucht von einer Krise erfasst worden. Ich war im Jahre 1963 mit achtzehn Jahren in den Orden eingetreten. – Ich kann heute meine Mutter verstehen, die mich für ein wenig jung dazu hielt. Aber: »Wie schön und großartig ist es doch, Gott seine Jugend zu schenken!«, hat der Pfarrer von Ars gesagt, »Was für eine Quelle des Glücks!« Ja, es ist wahr: Wie schön ist es in der Tat, am frühen Morgen seines Lebens in den Weinberg des Herrn gerufen zu werden (vgl. Mt 20,1–16). Erlauben Sie mir, mit ein paar Bemerkungen die Berufung von jungen Menschen und ihre Sache zu verteidigen. Es ist schön, sein Leben Jesus zu schenken, wenn man erst achtzehn oder neunzehn Jahre alt oder noch jünger ist. Entmutigen wir die Jungen nicht, wenn Jesus sie ruft! Seien wir überzeugt, dass mit Jesus zu gehen die beste Lebensschule ist. Man sollte sich gut überlegen, bevor man einem jungen Menschen sagt: Geh erst »in die Welt hinaus«, um zu sehen, ob du wirklich berufen bist! Ich habe nicht selten erlebt, wie die Berufung junger Menschen unterminiert wurde, ja zunichte gemacht, weil es an Mut gefehlt hat, sie in ihrer Jugend aufzunehmen.

Nachdem ich also mit achtzehn Jahren in den Dominikaner-Orden eingetreten war, erlebte ich die nachkonziliare Krise wie eine »Tsunami-Welle«. Eine der ersten Folgen war, das Gebet infrage zu stellen. Es galt nur, Aktionen zu setzen. Die Strukturen (von Kirche und Gesellschaft) mussten verändert werden, da sie als überholt und ungeeignet angesehen wurden, diese Kirche und diese Gesellschaft zu erneuern. Jung, wie ich eben war, nahm ich nur allzu wörtlich, was gegen das Gebet gesagt wurde. Und im Sog der kommenden 68er hörte ich vollkommen auf zu beten. Anfangs empfand ich das sogar gewissermaßen als Befreiung: nämlich von der Last des Gebets eines viel zu langen Gottesdienstes. Denn damals, vor der Liturgiereform, ließ man uns diese endlosen Psalmen von Matutin, Laudes, Prim, Terz, Sext, Non sowie

Vesper und Komplet des Breviers auf Lateinisch »herunterrezitieren«. – Ich danke dem Herrn dafür, dass er uns die Liturgiereform geschenkt hat! – Vor allem fühlte ich mich von der Last des persönlichen Gebets befreit; dazu muss man sagen, dass uns damals das Gebet vor allem als Pflicht eingetrichtert wurde, als Bürde, die man gemeinsam und solidarisch zu tragen hatte, was uns junge Ordensleute nicht gerade begeisterte. Aber nach und nach empfand ich eine Leere, die sich über allem ausbreitete. Das geistliche Leben verlor für mich an Geschmack, das spirituelle Leben verblasste. Nach einem Jahr, in dem ich mich fast vollständig des Gebets enthalten hatte, war ich so weit, dass ich das Ordensleben verlassen wollte.

Ich führe diesen sehr persönlichen Rückblick deshalb aus, weil da in meinen Augen die Ursache für die betrübliche Situation vieler geistlicher Mitbrüder meiner Generation liegt. Mit dem Aufgeben des Gebets verlor das Glaubensleben bald an Würze. Die akute Krise der nachkonziliaren Zeit ist vorbei, aber die Gefahr, durch das Vernachlässigen des Gebets den Geschmack an Gott zu verlieren, besteht heute nach wie vor. Der Kampf des Gebets ist, kurz gesagt, der Kampf des Lebens. Wie soll denn ein priesterliches Leben ohne Gebet aussehen? Wir haben das große Privileg, einen wahren Felsen des Gebets erlebt zu haben, wie Johannes Paul II. es war. Möge er sich für uns verwenden, um in jedem von uns das Bedürfnis nach dem Gebet, den Geschmack und die Freude daran und die Ausdauer im Gebet zu wecken.

Das Gebet ist eine Geste, die sich dem Menschen spontan erschließt. In allen Religionen wird gebetet, und es ist gut, wenn wir uns vor Augen halten, wie das Gebet in anderen Religionen praktiziert wird (vgl. KKK 2566): das Gebet bei den Moslems oder das Gebet in einem buddhistischen Tempel, wie ich es in Sri Lanka erlebt habe – all das führt uns deutlich vor Augen, dass das Beten tief im menschlichen Leben verankert ist. Aber das christliche Gebet zeichnet eine Besonderheit aus, die es einzigartig macht, ohne dass wir auch nur im Geringsten das Recht hätten, das Gebet von »Heiden« als minderwertig zu betrachten. Die Art, wie Jesus dem Glauben von Heiden begegnete, sollte uns eine Warnung sein. Erinnern wir uns an die Szene mit der syrisch-phönizischen Frau: *»Frau, dein Glaube ist groß«*, sagt Jesus zu ihr (Mt 15,28). Was das christliche Gebet so einzigartig macht, ist das Gebet Jesu: Der Sohn Gottes hat zum Vater mit einem menschlichen Herzen gebetet, und es ist dieses Herz, das für das gesamte christliche Gebet der »Ort der Begegnung« ist, der *meeting point*. Und für uns Priester ist das Herz Jesu sozusagen unsere »Gebetsnische«, dieser geheime Ort, wo wir mit unserer Berufung und unserem Dasein als Diener Christi, als »Freunde« Jesu (vgl. Joh 15,15) unseren wahren Platz finden. Ich lade Sie ein, sich dorthin, an diesen Ort der Begegnung im Herzen Jesu als Ort des Gebetes zu begeben.

2. Das Gebet Jesu – Ort unseres Gebets

»Meister, wo wohnst du?« (Joh 1,38) Diese Frage der ersten beiden Männer, die Jesus gefolgt waren, ihm, von dem Johannes der Täufer sagte, er sei das *»Lamm Gottes, das die Sünde der Welt hinwegnimmt«* (Joh 1,29), diese Frage war zunächst eher eine verlegene Gegenfrage in Reaktion auf die Frage Jesu gewesen: *»Was sucht ihr?« – »Kommt und seht«* war die einfache Antwort Jesu. *»Da gingen sie mit und sahen, wo er wohnte, und blieben jenen Tag bei ihm; es war um die zehnte Stunde.«* (Joh 1,38–39)

Mir gefällt dieser kurze Bericht von der ersten Begegnung der künftigen Jünger mit ihrem künftigen Meister Jesus ganz besonders. Diese einfache Frage: *»Meister, wo wohnst du?«* hat eine viel tiefere Bedeutung als die gewöhnliche Frage nach einer Adresse. Der alte Johannes, der sich an alle Einzelheiten dieses Augenblicks erinnert – *»Es war um die zehnte Stunde«*, also um vier Uhr nachmittags – konnte in dieser Antwort bereits den Hinweis auf diese andere Bleibe finden, wo Jesus immer wohnt, das *»Land seiner Ruhe«* (Ps 95,11), wo seine wirkliche Bleibe ist, er, »der am Herzen des Vaters ruht«, wie es im Johannesprolog heißt (1,18).

»Kommt und seht«: das ist eine Einladung, mit Jesus zu kommen und zu sehen, wo er wohnt. Das heißt, ihn in seinem »Eins-Sein« mit Gott Vater zu finden, diesen Ort zu finden, zu welchem er uns hinführen will: *»Vater, ich will, dass alle, die du mir gegeben hast, dort bei mir sind, wo ich bin.«* (Joh 17,24) Dort sein, wo Jesus ist! Diesen Ort finden wir im Gebet Jesu.

»Wünscht der Jünger Christi nicht in erster Linie deshalb zu beten, weil er seinen Meister beten sieht? Er kann das Gebet vom Meister lernen: im *Betrachten* und Hören, wie der Sohn zum Vater betet, erlernen es auch die Kinder.« (KKK 2601)

Auf Jesus schauen, Jesus beim Beten zusehen! Ich habe großen Respekt vor denen, die ernsthaft und vorschriftsmäßig Zen-Meditation oder andere Arten der »bildlosen« Meditation betreiben und von allen Vorstellungen leer zu werden suchen. Aber ich kann mir beim besten Willen nicht vorstellen, wie das beim christlichen Gebet gelingen soll. Beten ohne zu Jesus zu gelangen, ohne sein Gesicht zu suchen, ohne ihn sprechen, handeln, heilen, leiden, sterben und auferstehen zu sehen, in seinem Leben auf Erden – das scheint mir bei einem christlichen Gebet unmöglich. Beten bedeutet vor allem, mit Jesus zu sein, in seinen langen Stunden stillen

Gebets, ob in den Bergen, in der Nacht, am frühen Morgen, spätabends, in der tiefen Nacht im Garten von Gethsemane oder in seinem letzten Gebet am Kreuz.

In meinen jungen Ordensjahren war ich eines Tages besonders enthusiastisch und wollte die ganze Nacht auf einem kleinen Berg unweit unseres Klosters im Gebet verbringen. Gegen halb zwei Uhr morgens wurde mir kalt, Müdigkeit und Schlaf überkamen mich; die nächtlichen Geräusche machten mir offen gestanden Angst. So kehrte ich, nicht besonders tapfer, gegen zwei Uhr früh zurück und kroch in mein Bett. Am anderen Morgen stand ich früh auf, um sechs Uhr morgens, um für die Schwestern die heilige Messe zu feiern. Ich öffnete das Evangelium jenes Tages und las zu meinem Erstaunen: *»... und Er verbrachte die ganze Nacht im Gebet zu Gott«* (Lk 6,12).

In diesem Gebet des Gottessohns, der in seinem menschlichen Herzen mit dem Vater vereint ist, eins mit Ihm im Heiligen Geist, liegt der Ort unseres christlichen Gebets. In diesem Gebet Jesu erlangt unser Gebet seine Entfaltung und seine Tiefe.

An dieser Stelle möchte ich etwas zu unserer Betrachtung des Lebens Jesu bemerken. Denken wir an den hl. Ignatius von Loyola und seine *»Geistlichen Übungen«* mit den Betrachtungen zum Leben Jesu; oder an den hl. Thomas von Aquin, der dreiunddreißig Fragen seiner *Summa Theologiae* dieser

Betrachtung gewidmet hat. Unser Heiliger Vater hat im Jahr 2007 den ersten Band seines Buches *Jesus von Nazareth*[18] herausgebracht (der zweite Band erscheint 2011). Benedikt XVI. verfügt über eine seltene, außergewöhnliche Kenntnis der aktuellen Schriftexegese. In den zahlreichen Besprechungen, Sitzungen, Kommissionen, wo ich ihn gesehen und erlebt habe – und das schon seit Jahrzehnten – habe ich ihn nie ohne seinen *Nestle* gesehen, die kritische Ausgabe des Neuen Testaments auf Griechisch. Er trägt sie immer bei sich. Der Heilige Vater ist einer der großen Theologen, einer der ganz großen, und wird bereits heute zu den »Klassikern« der Theologie der Kirche gezählt. Wie alle ganz großen Lehrer der Theologie ist er vor allen Dingen ein Mann, der vom Wort Gottes entflammt ist. Er lebt in der Hl. Schrift, sie ist das Modell für seine Theologie und die Nahrung seiner Spiritualität, und so ist er ein hervorragender Prediger des Wortes Gottes.

In seinem Werk *Jesus von Nazareth* erklärt er gelassen, er bekräftige »ohne Zögern« die Aussage des Konzils über die Offenbarung, wie sie in der Dogmatischen Konstitution über die Offenbarung Dei Verbum formuliert ist: nämlich das Vertrauen in die Historizität der Evangelien und die unerschütterliche Gewissheit, dass diese »zuverlässig überliefern, was Jesus, der Sohn Gottes, in seinem Leben unter den Menschen zu deren ewigem Heil wirklich getan und gelehrt hat bis zu dem Tag, da er aufgenommen wurde« (Dei Verbum 19).

Dieses Buch von Joseph Ratzinger/Benedikt XVI. ist auf heftige Kritik von Seiten vor allem deutschsprachiger katholischer Exegeten gestoßen, eben aufgrund dieses Vertrauens, das der Papst in Bezug auf die geschichtliche Zuverlässigkeit der Evangelien bekräftigt. Ich denke, ein Gutteil der Krise der Katholischen Kirche, wenigstens in unseren deutschsprachigen Ländern, rührt von einer, wie ich es nenne, »Exegese des Verdachts« her. Die Heilige Schrift wird angegriffen und muss sich vor dem Tribunal einer Exegese des Verdachts verteidigen. Wenn wir Priester kein Vertrauen mehr zum Evangelium haben können, also dazu, dass wir darin wirklich Jesus begegnen, dass Er es ist, der in seinen Gleichnissen und Lehren zu uns spricht, wenn das alles immer nur durch einen nebulosen Filter zu uns dringt, was frühe Gemeinden formuliert, ausgedrückt oder einfach erfunden haben, wenn der reale Jesus aufgrund dieses Filters hinter einem verschwommenen Nebelschleier verschwunden ist – wie soll man ihm dann in den Evangelien begegnen?

In meiner Generation hat dieser Missbrauch der »kritisch« genannten Auslegung der Schrift beträchtlichen Schaden angerichtet. Wir haben das große Glück, dass unser Papst hervorragend geeignet ist, dieses Vertrauen in die Schrift und die

Evangelien wieder herzustellen, denn er kennt und achtet zutiefst das, was eine »kritische« Exegese zu einer besseren Kenntnis Jesu beitragen kann und dazu führt, Jesus besser zu verstehen.

Dabei propagiert Benedikt XVI. keinesfalls eine fundamentalistische Auslegung der Bibel. Er versteht es auf hervorragende Weise, das Positive, das die biblischen Wissenschaften eingebracht haben, in seine Auslegung zu integrieren. Und er ermuntert uns, in die Schrift einzutauchen, uns den Reichtum der modernen Auslegung zunutze zu machen – aber immer mit diesem Vertrauen, dass der Jesus der Evangelien auch wirklich Jesus ist, und dass wir Ihn, das Fleisch gewordene Wort, dort *in persona* finden können. Lassen wir uns also vom Heiligen Vater in unserer Bibellektüre leiten: er ist ein großer Lehrer, dem wir voll und ganz vertrauen können. Immerhin ist er zugleich der Nachfolger des Petrus – und das ist nicht wenig.

Kehren wir nun nach diesem Exkurs zum Gebet Jesu als »Ort« unseres Gebets zurück. Beim Abendmahl sagt Jesus im Abendmahlssaal zu Petrus: *»Ich aber habe für dich gebetet, dass dein Glaube nicht erlischt«* (Lk 22,32).

»Ich habe für dich gebetet«: Jesus hat gebetet und wirkt weiterhin als unser »Fürsprecher«, als unser *»Beistand (Paraklet) beim Vater«* (1 Joh 2,1) – für jeden Einzelnen von uns. Wir sind wie eingebettet in das Gebet des menschgewordenen Sohns Gottes.

Dieses menschliche Gebet des ewigen Gottessohns gibt uns völlige Sicherheit: *»Ich habe für dich gebetet.«* Niemals wird dieses Gebet Jesu uns je verlassen. Es trägt uns, es hält uns aufrecht, es richtet uns wieder auf, es gibt uns Zuversicht.

Das war die Entdeckung des Paulus: Zuerst war er ein Feind Christi und verfolgte dessen Jünger. Nachdem er Jesus begegnet ist, weiß er von nun an, dass *»der Sohn Gottes ... mich geliebt und sich für mich hingegeben hat.«* (Gal 2, 20)

Das Gebet Jesu ist jener Platz in seinem Herzen, zu dem er uns hinführen will: *»Kommt und seht!«* – *»Da gingen sie mit und sahen, wo er wohnte«* (Joh 1, 38–39). So lassen wir uns denn vom Meister zu *»diesem Land seiner Ruhe«* (Ps 95, 11) hinführen. Möge dieses Land seiner Ruhe auch der Ort unserer Ruhe werden.

Beten mit Jesus, sich mit seinem Gebet vereinen bedeutet vor allem, dass sich unser Gebet zum Horizont seines Gebets ausweiten muss. Das Gebet Jesu ist das Gebet des Erlösers. Das hat Jesus selbst in einem langen nächtlichen Gespräch Nikodemus anvertraut: *»Denn Gott hat die Welt so sehr geliebt, dass er seinen einzigen Sohn hingab, damit jeder, der an ihn glaubt, nicht zugrunde geht, sondern das ewige Leben hat ... Denn Gott hat seinen Sohn nicht in die Welt gesandt, damit er die Welt richtet, sondern damit die Welt durch ihn gerettet wird«* (Joh 3, 16–17).

Das gesamte Gebet Jesu für die Rettung der

Welt ist gleichsam verdichtet, konzentriert in dem *»lauten Schrei«* (Mk 15,37), mit dem Jesus auf dem Kreuz seinen Geist aushaucht. Der Katechismus schreibt dazu:

»In diesem Schrei des menschgewordenen Wortes liegt alles Elend der Menschen aller Zeiten, von Sünde und Tod geknechtet, und jede Bitte und Fürbitte der Heilsgeschichte. Der Vater nimmt sie alle an und erhört sie in einer Weise, die über alle menschliche Hoffnung hinausgeht, durch die Auferweckung seines Sohnes. Darin erfüllt und vollendet sich der Weg des Gebetes in der Schöpfungs- und der Erlösungsordnung. In Christus erschließt uns das Buch der Psalmen das Gebet. Denn im ›Heute‹ der Auferstehung spricht der Vater: ›Mein Sohn bist du. Heute habe ich dich gezeugt. Fordere von mir, und ich gebe dir die Völker zum Erbe, die Enden der Erde zum Eigentum‹ (Ps 2,7–8; vgl. Apg 13,33).« (KKK 2606)

3. Der Kampf des Gebets

Der Kampf des Gebets ist der entscheidende Kampf des geistlichen Lebens. Es ist in erster Linie der Kampf, diesen Horizont des Gebets Jesu zu erreichen und unser verhärtetes Herz auszuweiten zu den Dimensionen des Herzens Jesu, zu seinem Auftrag als Erlöser und zur unendlichen Sehnsucht seines Herzens. Wie kann unser kleines Herz in seiner Enge und Verschlossenheit je dem Herzen Jesu ähnlich werden? Wie kann es sich auf alles Elend der Menschen erstrecken, auf das dringende Bedürfnis nach ewiger Erlösung, auf den unendlichen Wunsch Jesu, dass niemand verloren gehe, dass alle eins seien?

a. Die Zeit des Gebets

Wie gerne würde ich dazu Ihre Meinung hören, Ihre Erfahrung in puncto Gebet kennen lernen, wie Sie beten, wie Sie Ihren Dienst als Priester Jesu in Ihrem Gebet verwirklichen. Für mich ist es eine ständige Quelle des Staunens, andere beten zu sehen, sie in jene geheime Stätte des Herzens eintreten zu sehen, wo wir allein sind vor Gott, ohne dabei wirklich allein zu sein, da wir ja niemals auf isolierte Weise beten können: das Gebet ist immer ein Akt der Gemeinschaft.

So möchte ich ein wenig über den Kampf des Betens zu sprechen kommen, wobei ich auf den Katechismus, aber auch auf meine eigene Erfahrung zurückgreife, »dass Beten Kampf bedeutet. Gegen wen? Gegen uns selbst und gegen die List des Versuchers, der alles unternimmt, um den Menschen vom Gebet, von der Vereinigung mit Gott abzuhalten« (KKK 2725).

Er unternimmt in der Tat alles, um uns vom Gebet – und damit von unserem Glück und gleichzeitig von unserer Mission – abzuhalten.

Deshalb bin ich zutiefst überzeugt, dass der

Kampf um das Gebet der wichtigste im Leben eines Christen und vor allem eines Priesters ist. Es ist vor allem ein Kampf um *die Zeit* für das Gebet. »Lasst lieber alles andere sein – aber niemals das Gebet«, sagte Teresa von Ávila. Der Kampf um die Zeit für das Gebet ist oft unser tägliches Los. Ich brauche Ihnen das nicht auszuführen, ich lade Sie ganz einfach ein, sich selbst gegenüber und untereinander ehrlich zu sein. In unserem oft über die Maßen ausgefüllten Alltag scheint es, dass kaum Zeit zum Gebet bleibt. Wenn wir aber unser Tagesprogramm einer Prüfung unterziehen, können wir nicht selten feststellen, dass wir nicht wenig Zeit für minder notwendige, unnütze oder sogar schädliche Dinge gefunden (oder besser: verloren) haben.

Ich muss in diesem Zusammenhang von den Kommunikationsmitteln sprechen. Fernsehen, Computer und Internet sind großartige Erfindungen, wenn man richtig Gebrauch von ihnen macht. Der Computer ist unverzichtbar geworden. Das Internet stellt ein Arbeitsinstrument zur Verkündigung dar, zur Evangelisation. Die Kirche bedient sich dessen genauso wie unsere Gesellschaft. So kann man den Heiligen Vater auf *YouTube* erleben! Und gewiss verfügen viele von Ihnen über ein *Facebook-Profil*. (Ich bin noch steinzeitlich in dieser Hinsicht und noch nicht in dieser Ära angekommen.) Aber wie könnte man sich der Wahrheit verschließen und nicht auch den Missbrauch dieser Kommunikationsinstrumente sehen? Es ist heute keine Seltenheit, Zugang zu hunderten Fernsehkanälen zu haben. Wer anfängt, zu »zappen«, wird bald feststellen, wie schnell Stunden vor dem Bildschirm vergehen – und man dabei selten einen wahren Gewinn erfährt. Weit öfter ergreifen eine Leere und das frustrierende Gefühl von einem Besitz, das so kostbare und absolut unwiederbringliche Geschenk vergeudet zu haben, das die Zeit für unser Leben ist. Wenn wir wenigstens einen Teil dieser Zeit vor dem Tabernakel oder selbst beim Kartenspiel mit Mitbrüdern (die Freude, miteinander zu sprechen, sich zu entspannen) verbracht hätten, würden wir hinterher einen klareren Kopf haben und glücklicher sein.

Auch das Internet, dieses fabelhafte Instrument unserer Zeit, kann zur Falle werden: welch vergeudete Gaben aufgrund der Versuchungen des Internets! Wie Studien zeigen, ist der Konsum von Pornographie via Internet durch den Klerus nicht unbeträchtlich. Noch nie war die Gesellschaft so sehr der Allgegenwart von allzu leicht zugänglicher Pornographie und Gewalt ausgesetzt wie in unserer Zeit. Wir müssen gegen diese Invasion in den Kommunikationsmitteln und vor allem im Internet Maßnahmen ergreifen, um uns davor zu schützen und die Gesundheit unserer Seele, unseres Geistes und unseres Leibes zu bewahren. Es gibt elektronische Barrieren wie etwa *Firewalls*, die automatisch Seiten mit pornographischem oder gewalttätigem Inhalt abblocken. Es stehen auch zunehmend Programme zur Verfügung, die den Benutzern helfen, den Missbrauch des Internets zu verhindern. So existiert zum Beispiel eine amerikanische Site mit dem Titel *Covenant Eyes*[19], mit deren Hilfe man eine Partnerschaft mit einem Mitbruder aufbauen kann; jeder erhält dabei einen Auszug der Internet-Seiten, die der andere geöffnet hat. Seien wir offen und ehrlich und sprechen wir miteinander darüber, denn wir müssen uns schützen. In Ars befindet sich das Herz des hl. Pfarrers. Wir wissen, welche Schönheit in gelebter Keuschheit liegt, und welche Traurigkeit in ihrem Verlust. Das hl. Pfarrer von Ars ist da, um uns wieder aufzurichten, uns zu ermutigen, uns dazu zu ermuntern, mit Hilfe des Herrn für ein keusches Herz zu kämpfen, das etwas so Schönes ist.

Aber das grundsätzliche Problem ist gewiss die Frage der Einsamkeit. Ich glaube, wir dürfen unsere Probleme mit der Einsamkeit nicht isoliert betrachten. Es ist ein gewichtiges Phänomen in unseren Ländern der westlichen Zivilisation. In einer Stadt wie Wien mit ihren 1,8 Millionen Einwohnern sind mehr als die Hälfte der Haushalte solche von *Singles*, also allein lebenden Menschen. Was für eine riesige Einsamkeit! Es ist die Einsamkeit, die so viele Menschen in Abhängigkeiten verschiedener Art geraten lässt: vor allem von Alkohol, aber zunehmend auch Drogensucht und namentlich auch der Sucht nach dem Computer, dem Internet und der Pornographie. Ich werde dieses Thema der Einsamkeit wieder aufgreifen, wenn von der Mission die Rede ist.

Um wieder auf das Problem des Kampfes um das Gebet zurückzukommen – eines ist sicher: wir brauchen die Brüderlichkeit unter den Priestern. Um offen miteinander zu reden, nicht mit allen, sondern mit befreundeten Brüdern. Wir brauchen die priesterliche Freundschaft. Die ersten Worte, die Benedikt XVI. nach seiner Wahl zum Papst zu mir sagte, waren: »Bewahren wir unsere Freundschaft.« Sie ist so wichtig für Priester untereinander. Wir können die Herausforderungen unserer Zeit nicht allein bewältigen. Die Freundschaft bedeutet auch das Teilen unserer Schwierigkeiten und unserer Freuden.

Ich gestehe an dieser Stelle ein, dass eines der größten Probleme für mich, als ich Bischof wurde, der Verlust meiner Ordensgemeinschaft war. Ich bin Dominikaner. Ich war gewohnt, mit dem Rhythmus des Gebets zu leben; gemeinsame Mahlzeiten, Erholung, gemeinsamer Austausch. Gewiss ist eine Ordensgemeinschaft nicht immer ideal, aber sie stellt eine große Unterstützung dar, wenn die Gemeinschaft sowohl tatkräftig als auch gefühlsmäßig zusammenhält. Wie hilfreich ist es für das tägliche, regelmäßige Gebet, in einer aktiven

Gemeinschaft zu sein! Das ist für mich eine der größeren Herausforderungen für uns Priester des einundzwanzigsten Jahrhunderts: werden wir adäquatere Lebensformen in der Gemeinschaft finden, die größeren Ansprüchen gerecht werden und somit hilfreicher sind?

»Seht doch, wie gut und schön ist es, wenn Brüder miteinander in Eintracht wohnen! Das ist wie köstliches Salböl, das vom Kopf hinabfließt auf den Bart, auf Aarons Bart …« (Ps 133,1–2)

b. Der Ort des Gebets

Zum Kampf des Gebets gehört auch die Frage nach *dem Ort* des Gebets. Gewiss, man kann im Grunde überall beten, der Herr lädt uns ein, allezeit und an allen Orten zu beten (vgl. Lk 18,1). Aber es gibt auch privilegierte Orte des Gebets. Der hl. Pfarrer von Ars pflegte vor dem Tabernakel zu beten. »Er ist hier!«, sagte er gerne während seiner Katechesen und wandte sich dabei zum Tabernakel hin.

Für uns, die wir als Priester das Privileg genießen, die meiste Zeit über Zugang zur eucharistischen Gegenwart Jesu im Tabernakel zu haben, ist das eine permanente Einladung, davon Gebrauch zu machen. Diesbezüglich habe ich ein Anliegen. Ich weiß nicht, wie es darum in Ihren jeweiligen Ländern bestellt ist. Ich weiß nur, dass es in Österreich ein »Tauziehen« darum gibt, die

Kirchen offen zu halten, damit sie für die Gläubigen immer zugänglich sind – und auch für andere Suchende.

Ich halte es für eine schwere Wunde im Leib Christi, in der Kirche, wenn unsere Gotteshäuser ihre Pforten geschlossen halten. Ich beschwöre Sie mit der Fürsprache des hl. Pfarrers von Ars: tun Sie Ihr Möglichstes – und sogar das Unmögliche, um den Gläubigen und allen, die Gott suchen (und die Gott erwartet!) Zutritt zu unserem Herrn Jesus zu gewähren, der in seiner Eucharistie gegenwärtig ist. Wie können wir überhaupt zulassen, dass Jesus anwesend ist und wir Ihm die Tore verschließen? In unseren westlichen Ländern besuchen viele Menschen die Sonntagsmesse nicht. Es ist schwierig für sie, und oft wissen sie nicht, wie sie sich verhalten sollen, der Gottesdienst ist ihnen fremd geworden. Aber man kann beobachten, dass diese Leute in die Kirche kommen und eine Kerze vor der Statue der Muttergottes anzünden. Man sieht beispielsweise eine Großmutter mit ihrem Enkel oder ihrer Enkelin in die Kirche kommen; sie besuchen nicht die Messe, aber sie entzünden bei der Marienstatue eine Kerze, und diese Geste wird Maria sicher annehmen.

Schließlich ist es nicht schlecht, wenn wir Priester »in flagranti« beim Beten vor dem Tabernakel »ertappt« werden. Wie sehr hat doch gerade das die Bewohner von Ars beeindruckt, dass sie ihren Pfarrer so lange vor dem Tabernakel verharren sahen!

Ich habe eine Kindheitserinnerung: in der Kirche des Dorfes, in dem ich aufgewachsen bin, sah man abends oft ein Licht in der Kirche; man wusste, dass es der Herr Pfarrer war, der betete. Dieses Licht hat sich mir in meinem Gedächtnis für immer eingeprägt.

4. Vom Kampf zum Vertrauen

»Man begibt sich zum Gebet, wie man in den Kampf zieht«, pflegte Pater Jean Corbon zu sagen. Er hatte dreißig Jahre im Libanon verbracht und kam dort schließlich bei einem Autounfall ums Leben. Wir verdanken ihm einen Textentwurf, den er im Bombenhagel von Beirut geschrieben hat und der in der Folge der vierte Teil des Katechismus der Katholischen Kirche wurde. Ja, es ist ein Kampf, aber wir kämpfen ihn nicht in Einsamkeit, weil »uns eine Wolke von Zeugen umgibt« (Hebr 12,1). Wir werden unterstützt vom Gebet der Kirche, vor allem von jenem des Himmels, der uns mit seiner Einheit mit Christus hilft, wie es so wunderbar und tröstlich in Lumen Gentium formuliert ist:

»Dadurch nämlich, dass die Seligen inniger mit Christus vereint sind, festigen sie die ganze Kirche stärker in der Heiligkeit, erhöhen die Würde des Gottesdienstes, den sie auf Erden Gott darbringt, und tragen auf vielfältige Weise zum weiteren Aufbau der Kirche bei (vgl. 1 Kor 12,12–27). Denn in die Heimat aufgenommen und dem Herrn gegenwärtig (vgl. 2 Kor 5,8), hören sie nicht auf, durch ihn, mit ihm und in ihm beim Vater für uns Fürbitte einzulegen ... Durch ihre brüderliche Sorge also findet unsere Schwachheit reichste Hilfe.« (Lumen Gentium 49)

Unser Kampf um das Gebet findet also durch das Gebet der Gläubigen Unterstützung. Wie viele Gläubige beten für uns! Jahre später erfuhr ich, dass während meiner tiefen Berufungskrise ein Dominikanerpater in dieser Zeit der Prüfung viel für mich gebetet hat. Die hl. Thérèse von Lisieux sagt: »Erst im Himmel werden wir erfahren, wer zu unserem Heil beigetragen hat.«

Aber wir sollten auch nicht vergessen, unsere Gläubigen zu bitten, uns mehr und ganz ausdrücklich mit ihren Gebeten zu helfen. Und vergessen Sie schließlich nicht, dass Ihre Brüder und Väter, die Bischöfe, für Sie beten wie Sie für diese, nicht nur bei jeder Eucharistiefeier, sondern auch im persönlichen Gebet. Ich bete alle Tage in dieser Absicht die Komplet, und mein letztes Gebet am Tag gerät oft besonders intensiv, wenn ich den Herrn darum bitte, die Priester zu beschützen, sie zu segnen, zu trösten und vor den Tücken des Bösen zu bewahren.

Was mir am meisten bei meinem Kampf um das

Gebet hilft, ist etwas, das ich »das Gebet der Solidarität« nenne. Ich möchte mein Gebet als eine *communio* mit denen leben, die von den Bedrängnissen des Lebens heimgesucht werden.

Oft wandert mein armseliges Gebet zu den Gefängnissen dieser Welt, und ich lege dem Herrn die Schreie der Gefangenen zu Füßen, ihre Angst vor der Folter, ihren Kampf gegen die Verzweiflung, *»dass er auf das Seufzen der Gefangenen höre und alle befreie, die dem Tod geweiht sind«* (vgl. Ps 102,21). Dank gebührt allen Anstaltsgeistlichen, die diese großartige Aufgabe erfüllen, Häftlinge zu begleiten.

Danach wendet sich mein Gebet den Frauen zu, welche die Schläge ihrer betrunkenen Männer fürchten müssen, und den misshandelten Kindern.

Mein Gebet ruft vor allem abends und nachts die Barmherzigkeit Jesu an für diejenigen, die in ihren Lastern gefangen sind – Alkoholiker, Drogenabhängige, Prostituierte oder Spieler; und schließlich für jene, die nicht mehr weiterkönnen, für die das Leben zur unerträglichen Bürde geworden ist. Und ich gedenke dieses Aufschreis des hl. Dominikus in seinem nächtlichen Gebet, bei dem ihn seine Brüder, von ihm unbemerkt, beobachtet hatten: »Oh Barmherzigkeit, was wird aus den Sündern!«

So wird mir klar, dass mein Gebet ihnen nahe sein muss, da es ja wirklich meine Brüder und Schwestern sind und ihr Leiden das meine, weil

Jesus es zu seinem gemacht hat, in der Todesangst von Gethsemane, wo Er für immer die unermessliche Bürde menschlichen Leids und die Sünden der Welt auf Sich genommen hat.

Wenn ich mein Gebet mit dem Jesu vereine, wird es ein Gebet des Vertrauens. Es wird friedvoll, gelassen, freudig, dabei vergisst es keineswegs diese gewaltige Flut von Leiden, sondern sieht sie vielmehr eingetaucht in die Liebe Christi, in seinen Sieg, in das Gute, das Er daraus für die Rettung von uns allen macht. Es ist die Liebe Christi für mich Sünder, die mich zum Beten drängt. Es ist vor allem die Liebe Christi zu denen, »die seiner Barmherzigkeit am meisten bedürfen«, die mich zum »Gebet der Solidarität« führt. Wenn Christus diese Menschen bis zur Hingabe seines Lebens für sie liebt – wie könnten wir sie nicht ganz besonders in unser Gebet einschließen?

Wenn ich diese Worte überfliege, habe ich ein wenig den Eindruck, ich hätte »schöne Literatur« verfasst. Wenn ich mein Gebet betrachte, wie es sich aus meiner Sicht darstellt, so ist es wohl armseliger als alle diese schönen Worte. Aber ich weiß mit der Festigkeit meines Glaubens, dass der Herr sich mit diesen dürftigen Fragmenten begnügt und sie mit seinem eigenen Gebet vollendet, mit dem Gebet seines Herzens. Eben das stärkt mein Vertrauen und macht mich so sicher.

Für mich ist eines der schönsten Beispiele für

ein solches Gebet im Vertrauen auf die Barmherzigkeit Jesu gegenüber denjenigen, die ihrer am meisten bedürfen, die Bekehrung Pranzinis, eines Verbrechers. Die noch ganz junge Thérèse von Lisieux hatte sie von Jesus erbeten. Nach der »Weihnachtsgnade« war sie so vollkommen vom Vertrauen in Jesus erfasst, dass dieses sie nie mehr verlassen sollte.

Ich zitiere hier abschließend den Bericht von Pranzinis Bekehrung, dieses Ereignis in Thérèses Leben, das ich schon so oft gelesen habe und von dem ich dennoch jedes Mal tief beeindruckt bin. Zögern wir nicht, es wieder zur Hand zu nehmen, um uns alle davon zum Vertrauen ermuntern zu lassen, zu einem grenzenlosen Vertrauen, wie es uns Thérèse, die Kirchenlehrerin, vermittelt. Zuvor die »Weihnachtsgnade«:

»In dieser *lichtstrahlenden Nacht* begann mein dritter Lebensabschnitt, der schönste von allen, der am reichsten mit himmlischen Gnaden erfüllte … In einem Augenblick hatte Jesus vollbracht, was mir in zehnjähriger Anstrengung nicht gelungen war, er begnügte sich mit meinem *guten Willen,* an dem es mir nie fehlte. Wie die Apostel konnte ich ihm sagen: ›Herr, ich habe die ganze Nacht gefischt und nichts gefangen‹ (Lk 5,5). Noch barmherziger gegen mich als gegen seine Jünger *nahm Jesus Selbst* das Netz, warf es aus und zog es gefüllt mit Fischen wieder ein … Er machte mich zum *Seelenfischer,* ich spürte ein großes Verlangen, an der Bekehrung der Sünder zu arbeiten, ein Verlangen, das ich vorher nicht so lebhaft empfunden hatte … Ja, ich fühlte die *Liebe* in mein Herz einziehen, das Bedürfnis, mich selbst zu vergessen, um (anderen) eine Freude zu machen, und von da an war ich glücklich!« (Ms A 45v; Selbstbiographische Schriften 96–97)

Dann spricht Thérèse von dieser Eingebung, die sie hatte, als sie ein Heiligenbild mit Jesus am Kreuz betrachtete. In ihrer Seele hallte dieser Schrei Jesu am Kreuz wider: *»Mich dürstet!«*

»Diese Worte entfachten in mir ein unbekanntes, heftiges Feuer … Ich wollte meinem Vielgeliebten zu trinken geben und fühlte mich selbst vom *Durst nach Seelen* verzehrt.«

Nun folgt die Erzählung von der Bekehrung Pranzinis, die ich am Ende meiner Ausführungen zur Gänze wiedergebe und zu deren Betrachtung ich Sie einlade. Im Besonderen möchte ich dazu anregen, über die Frage nachzudenken, ob dieser Kampf des Betens, über den ich hier mit Ihnen gesprochen habe, nicht in erster Linie und vor allem anderen Ringen, das wir in unserem Leben als Christ und als Priester zu bewältigen haben, der *Kampf um das Vertrauen* ist. Vertrauen wie Thérèse kann einen wahren Kampf gegen allen unseren Widerstand bedeuten. Thérèse ermutigt uns zu diesem siegessicheren Vertrauen, über das Zeugnis abzulegen sie ausersehen war. Hier ist ihr Bericht:

»Um meinen Eifer anzuspornen, zeigte mir der Liebe Gott, dass ihm mein Verlangen wohlgefällig sei. – Ich hörte damals von einem großen Verbrecher, der wegen schrecklicher Verbrechen zum Tode verurteilt worden war, alles ließ vermuten, dass er unbußfertig sterben würde. Ich wollte ihn um jeden Preis daran hindern, der ewigen Verdammnis anheimzufallen; um es dahin zu bringen, wandte ich alle erdenklichen Mittel an; wohl wissend, dass ich aus mir selber nichts vermochte, bot ich dem Lieben Gott alle unendlichen Verdienste Unseres Herrn an und die Schätze der Heiligen Kirche, schließlich bat ich Céline, eine Messe nach meiner Meinung lesen zu lassen, denn ich wagte nicht, selbst darum zu fragen, aus Angst, ich könnte genötigt sein einzugestehen, dass es für Pranzini sei, den großen Verbrecher. Ich wollte es auch Céline nicht sagen, doch sie stellte mir so liebevolle und eindringliche Fragen, dass ich ihr mein Geheimnis anvertraute; weit entfernt, sich über mich lustig zu machen, bat sie mich, mir bei der Bekehrung *meines Sünders* helfen zu dürfen, ich nahm dies dankbar an, denn ich hätte gewünscht, dass alle Menschen sich mit mir vereinten, um die Gnade für den Schuldigen zu erflehen. Im Grunde meines Herzens fühlte ich mit Gewissheit, dass unser Verlangen erfüllt werden sollte, um mir jedoch Mut zu machen, im Gebet für die Sünder fortzufahren, sagte ich dem Lieben Gott, ich sei ganz sicher, dass er dem unglücklichen Pranzini verzeihen werde, dass ich dies sogar glauben würde, wenn dieser *nicht beichtete* und *kein Zeichen der Reue* gäbe, so großes Vertrauen hatte ich in die unendliche Barmherzigkeit Jesu, aber ich bäte ihn doch um ›*ein Zeichen*‹ der Reue, einfach zu meinem Trost … Mein Gebet wurde wörtlich erhört! Trotz des Verbotes, das Papa für uns erlassen hatte, irgendeine Zeitung zu lesen, glaubte ich nicht ungehorsam zu sein, wenn ich die Stellen las, die von Pranzini handelten. Am Tage nach seiner Hinrichtung fällt mir die Zeitung ›La Croix‹ in die Hand. Ich öffne sie hastig – und was sehe ich? … Ach! Meine Tränen verrieten meine Bewegung, und ich musste mich verstecken … Pranzini hatte nicht gebeichtet, er hatte das Schafott bestiegen und wollte eben seinen Kopf in das grausige Loch stecken, als er plötzlich, einer jähen Eingebung folgend, sich umwendet, das Kruzifix ergreift, das ihm der Priester hinhielt, und *dreimal die heiligen Wunden küsst!* … Dann ging seine Seele hin, das *erbarmende* Urteil dessen zu empfangen, der verkündet, im Himmel werde mehr Freude sein über einen einzigen Sünder, der Buße tut, als über 99 Gerechte, die der Buße nicht bedürfen! …

Ich hatte das erbetene ›Zeichen‹ erhalten, und dieses Zeichen war das getreue Abbild von Gnaden, die Jesus mir gewährt hatte, um mich zum Gebet für die Sünder anzuspornen. War nicht angesichts der *Wunden Jesu*, als ich sein Göttliches *Blut* fließen sah, der Durst nach Seelen in mein Herz eingedrungen? Ich wollte ihnen dies *unbefleckte Blut* zu trinken geben, das sie von ihren Makeln reinigen sollte, und die Lippen »meines *ersten Kindes*« hatten sich auf die heiligen Wundmale gedrückt! … Welch unsäglich zarte Antwort! … Oh! Seit dieser einzigartigen Gnade wuchs meine Begierde, Seelen zu retten, jeden Tag, mir war, ich hörte Jesus zu mir sagen wie zur Samariterin: ›Gib mir zu trinken!‹ Es war ein wahrer Tauschhandel der Liebe; den Seelen gab ich das *Blut* Jesu, und Jesus bot ich eben diese vom *Göttlichen Tau* erquickten Seelen an, so glaubte ich seinen Durst zu stillen, und je mehr ich ihm zu *trinken* gab, desto größer wurde der Durst meiner armen kleinen Seele, und diesen brennenden Durst gab er mir als den köstlichsten Trank seiner Liebe …«

IV. Eucharistie und Hirtenliebe

Die Eucharistie ist das Herz unseres priesterlichen Lebens. Ohne sie hätte unser Leben keinen Sinn, keine Mitte. Wir sind als Priester in erster Linie für die Eucharistie da, und die Eucharistie ist das Maß, der Raum, die Quelle unseres Priesteramtes. Damit sie lebendig gefeiert und gespendet wird, hat Christus zu seinen Aposteln gesagt: *»Tut dies zu meinem Gedächtnis.«*

Und die Kirche hat diesen Auftrag, der ihr damals im Obergemach erteilt worden ist, als Einsetzung des Priestertums des Neuen Bundes verstanden.[20] Mit diesen Worten hat Jesus die Apostel zu Priestern des Neuen Bundes gemacht.

1. Die Eucharistie als Quelle der Freude und des Lebens

Die Eucharistie ist unsere Freude und unsere Bürde zugleich. Sie ist eine unerschöpfliche Quelle der Freude durch die einzigartige Nähe zu Christus, wenn wir »in seiner Person« die Worte aussprechen, die Brot und Wein in sein Fleisch und sein Blut wandeln. Sie ist der Ursprung unseres ganzen Auftrags, denn sie drängt uns, in die Mission Jesu einzutreten, der sich »für das Heil der Welt« hingegeben hat. Die Eucharistie – das ist der Moment der einzigartigen Verbundenheit mit dem Herrn, dem Freund, aber auch der Augenblick, da sich die Kirche, die sein Leib ist, besonders als Gemeinschaft erfährt, der Augenblick, da unsere Berufung als Diener des Volkes Gottes einzigartig zum Ausdruck kommt: wenn wir als Instrumente Jesu für das höhere Ziel der Heiligkeit des Volkes Gottes wirken dürfen.

Es ist eine Quelle der Freude, aber auch eine Bürde, die manchmal schwer wiegt. Der hl. Pfarrer von Ars war in dieses kleine Dorf gekommen, um Priester für zweihundertdreißig Seelen zu sein. Davon könnte man träumen, nicht wahr? Kennen wir etwa einen Priester, der nur zweihundertdreißig Seelen zu betreuen hat? Die Pfarre in der Normandie, wo ich gewöhnlich meine Ferien bei meiner Schwester verbringe, zählt siebenundzwanzig Glockentürme – das heißt, siebenundzwanzig ehemalige Pfarren sind per Dekret umgruppiert und unter einem neuen Namen in einer einzigen Pfarre vereint worden. Und wenn der Priester, der für diese siebenundzwanzig Kirchen zuständig ist, am Sonntag zweihundertdreißig Gläubige in der Messe versammelt, kann er sich dazu schon beglückwünschen. Nicht zu reden von Pfarren, wie ich sie in Lateinamerika kennengelernt habe, wo eine Pfarre leicht und locker zwischen fünfzig und einhundert *recintos* – »Dörfer« – zusammenfasst, die der Priester höchstens ein bis zwei Mal im Jahr besucht.

Die Eucharistie ist Quelle und Höhepunkt des christlichen Lebens, wie es das Zweite Vatikanische Konzil formuliert, aber eine Quelle und ein Höhepunkt, die wenig zugänglich sind, und wenn doch, so wird davon wenig Gebrauch gemacht, denn das Leben unserer Zeit scheint gut auch ohne sie auszukommen; und wir, die schüttere Gemeinschaft, die wir zur alltäglichen oder sonntäglichen Eucharistie zusammenkommen, bleiben in unserer Gesellschaft weitgehend unbeachtet.

In unseren deutschsprachigen Ländern bestürmen uns Bewegungen wie etwa »Wir sind Kirche« unentwegt mit Forderungen, die da lauten: »Bischöfe, ihr tut nichts, erhebt eure Stimmen! Wir werden aus Mangel an Priestern der Eucharistie beraubt! Setzt euch mit lauter Stimme dafür ein, dass man endlich *viri probati* – bewährte verheiratete Männer – zur Priesterweihe zulässt!« – Und wenn man ihnen entgegnet: »Sehen Sie sich doch die sonntägliche Praxis unserer Gläubigen an!«, entgegnen sie: »Eben, der Priestermangel ist schuld, dass unsere Bevölkerung aufgehört hat, ihren Glauben zu praktizieren!«

Selbst wenn diese Betrachtungsweise zu einseitig ist, so wird sie doch von breiten Kreisen unserer Gläubigen geteilt; die Statistiken sagen uns, dass sich 90% der Österreicher gegen die Zölibatsverpflichtung aussprechen, und die Medien geben das lautstark wieder.

Sie werden sicher verstehen, dass ich als Bischof angesichts einer solchen Situation nicht so tun kann, als existierten diese Stimmen nicht. Aber wer liegt richtig? Was soll man etwa zur noch weit dramatischeren Lage in Frankreich sagen? Was zu diesem alternden Europa, wo Großfamilien gravierend zurückgegangen sind und infolgedessen auch die Zahl jener, die sich zum Priestertum oder zum Ordensleben berufen fühlen? Wie betrüblich ist es, keine jungen Ordensfrauen mehr zu sehen – wie es in Afrika, Asien und manchen Ländern Osteuropas der Fall ist! Der hl. Dominikus hat seinen Mitbrüdern an seinem Totenbett eine Schwäche anvertraut, indem er gestand, er redete lieber mit jungen Frauen als mit alten. Wie soll die Zukunft für manche unserer Diözesen aussehen, wo der Bischof der jüngste von allen Priestern ist?

Gewiss, es gibt Indizien für Erneuerung, neue Lebenszeichen. Der Herr lässt seine Kirche nicht im Stich. Aber Er hat auch keine Zukunftsgarantie für unsere Kirchen in Europa gegeben. Denken wir nur an jene Kirchen, die ganz einfach verschwunden sind – wie die in der heutigen Türkei, in Kleinasien, der Wiege der Kirche, oder in Nordafrika mit seinen zweihundert blühenden Diözesen in der Epoche des hl. Augustinus. Der Geburtenrückgang in den katholischen Familien Wiens ist so stark, dass wir bereits den Zeitpunkt ermessen können, wo es gleich viele Moslems wie Katholiken geben wird.

Ich belasse es dabei, diese Realität zu benennen, der wir uns nicht verschließen dürfen. Jeder von Ihnen weiß besser als ich, wo für ihn die Freuden, aber auch die Last unseres Priesteramts im täglichen Leben liegen, dessen Hort und Seele die Eucharistie ist.

Halten wir uns ein paar Worte des heiligen Pfarrers über die Eucharistie vor Augen, die dem wunderbaren Buch von Bernard Nodet »Jean-Marie Vianney – der heilige Pfarrer von Ars in seinen Gesprächen und Predigten«[21] entnommen sind:

»Ja, ein Priester sollte sich jeden Morgen Gott als Opfer darbringen …«

»Das Glück, eine Messe zu lesen, wird man erst im Himmel verstehen …«

»Seht die Macht des Priesters: Mit seinen Worten macht er aus einem Stück Brot einen Gott; das ist doch mehr, als die Welt zu erschaffen …«

»Die Finger des Priesters, die das wundersame Fleisch Jesu Christi berührt haben, in den Kelch eingetaucht sind, wo sein Blut war, und das Gefäß, wo sein Leib gewesen war …«

»Der Priester muss die gleiche Freude empfinden wie die Apostel beim Anblick Unseres Herrn, wenn er ihn in seinen Fingern hält …«

Zeitzeugen berichten uns, was für ein besonderer Augenblick es war, wenn der heilige Pfarrer nach der Wandlung die Hostie betrachtete; in seinen Zügen spiegelte sich ein unbeschreibliches Lächeln der Freude.

»Was so schmerzlich ist, das sind die Nachrichten aus aller Welt, die Gespräche, die Politik, die Zeitungen – und man geht mit alldem im Kopf die Messe oder das Brevier lesen …«

»Der Grund dafür, dass ein Priester nachlässig wird, liegt in der mangelnden Aufmerksamkeit gegenüber der Messe. Wie schade – mein Gott, wie sehr ist ein Priester zu bedauern, wenn er sie wie eine ganz gewöhnliche Sache betreibt!«

»Alle guten Werke zusammen können nicht ein Messopfer aufwiegen, denn sie sind das Werk von Menschen – aber die heilige Messe ist das Werk Gottes.«

»Das Martyrium ist nichts im Vergleich zur Messe; es ist das Opfer, das der Mensch Gott mit seinem Leben bringt. Die Messe ist das Opfer, das Gott mit seinem Fleisch und seinem Blut dem Menschen bringt.«

Und nun lade ich Sie ein, mit mir in den Abendmahlsaal, in das Obergemach hinaufzusteigen, mit den Aposteln und mit Christus, in dieser »Gleichzeitigkeit«, die uns unsere Vereinigung mit Christus gibt. Denn durch den Glauben und die Taufe ist Christus uns gegenwärtig geworden, und jedes Mal, wenn wir die Eucharistie feiern, ist dieses einzigartige Opfer Christi für uns gegenwärtig – und wir für ihn.

In seinem Buch *Jesus von Nazareth* spricht Papst Benedikt XVI. in wunderbaren Worten über diese Gleichzeitigkeit, die wir mit den Ereignissen des Lebens Christi haben. Wir treten ein in das Heute der damaligen Ereignisse: *»Heute, wenn ihr seine Stimme hört …«* (Heb 3,15)

Ich lade Sie ein, sich das letzte Abendmahl nach der Erzählung des heiligen Lukas (Kapitel 22) lebendig vor Augen zu führen. Lukas schenkt uns eine Lektüre der Einsetzung der Eucharistie, die sich besonders gut als Meditation für Priesterexerzitien eignet.

2. Die Gabe der Eucharistie ist schwachen Menschen anvertraut

Der Bericht des Lukas über das heilige Abendmahl weist einige Besonderheiten auf, auf die wir hier aber nicht ausführlich eingehen können. Fassen wir kurz zusammen:

Es gibt ausschließlich bei Lukas zu Beginn des Pesachmahls, das Jesus mit den Zwölf Aposteln einnimmt, ein zweifaches eschatologisches Element. Jesus erklärt ihnen, dass dies auf Erden sein letztes Pesachmahl sei:

»Als die Stunde gekommen war, setzte er sich zu Tisch und seine Apostel setzten sich zu ihm. Und er sagte zu ihnen: Ich habe mich sehr danach gesehnt, vor meinem Leiden dieses Paschamahl mit euch zu essen. Denn ich sage euch: Ich werde es nicht mehr essen, bis das Mahl seine Erfüllung findet im Reich Gottes.« (Lk 22,15–16)

Er wird nicht mehr das Pesachmahl einnehmen, aber er wird mehr schenken als das alte Pesach. Er wird sich selbst schenken, *»Christus, unser Paschalamm«*, sagt Paulus (vgl. 1 Kor 5,7).

»Und er nahm den Kelch, sprach das Dankgebet und sagte: Nehmt den Wein und verteilt ihn untereinander! Denn ich sage euch: von nun an werde ich nicht mehr von der Frucht dieses Weinstocks trinken, bis das Reich Gottes kommt.« (Lk 22,17–18).

Wir sind hier noch im *Seder*, dem jüdischen Pesachmahl, das Jesus mit den Seinen feiert. Jesus fügt dem traditionellen *Seder* diese beiden eschatologischen Ausblicke auf die Vollendung im Reich Gottes hinzu. Jesus nimmt den ersten der vier Becher des *Seder*, trinkt und lädt auch uns ein, ihn zu nehmen in Hinblick auf die Vollendung des Pesachmahls in seinem Reich, »bis Er wiederkommt«. Der eucharistische Kelch wird dann der Segensbecher, der dritte des Pesachmahles sein.[22]

Zu diesem Aspekt gäbe es viel zu sagen. Die moderne Exegese hat intensiv die jüdischen Wurzeln unseres Glaubens und unserer Liturgie erforscht. An fast allen Erneuerungsbewegungen der

Kirche, die ich kenne, erstaunt mich besonders die Tatsache, dass es eine große Liebe zum Mysterium Israels gibt, dem Mysterium des erwählten Volkes. Dafür ist die »Gemeinschaft der Seligpreisungen« ein schönes Beispiel. Für mich ist das wie eine Rückkehr nach langen Umwegen zu den Wurzeln, hin zum Mysterium Israels, das für uns die Garantie dafür ist, dass wir den Weg der Menschwerdung ernst nehmen: Gott hat es gefallen, dieses kleine Volk zu erwählen und durch eben dieses allen anderen Völkern Segen und Verheißung zu schenken. Niemals werden wir uns von unseren jüdischen Wurzeln lösen! Niemals werden wir ohne das Alte Testament auskommen, denn es ist wie der Klangkörper, der den Geigensaiten Resonanz gibt. Wir tappen nicht in die Falle, uns andere Schriften als Ersatz für das Alte Testament einreden zu lassen, was derzeit scheinbar eine weitverbreitete Modetendenz ist. Nein! Es gibt nur das Alte Testament, die Geschichte Gottes und seines Volkes, die Geschichte des auserwählten Volkes, der Offenbarung, nicht etwa weil damit andere Völker diskriminiert werden sollen, sondern weil es Gott gefallen hat, seinen Segen durch Abraham und dessen Stamm zu erteilen.

Unsere Liturgie erinnert uns ständig daran, dass wir – wie es in der Osternacht heißt – durch die Taufe die Würde der Kinder Israels erlangen. Paulus erklärt es uns mit den wunderschönen Worten: Wir sind als die wilden Zweige dem edlen Olivenbaum Israel eingepfropft worden (vgl. Röm 9–11; hier: 11,17).

Predigen wir über das Alte Testament! Verzichten wir nicht auf seine Lektüre! Lassen wir unsere Gläubigen spüren, dass wir eine Geschichte haben, der wir angehören: Der Exodus ist unsere Geschichte. Die Juden sagen beim *Seder*, jeder, der am Pesachmahl teilnimmt, soll sich als jemand betrachten, der gerade aus Ägypten auszieht. Durch Jesus sind wir in das Pascha eingetreten, das Gott für sein Volk bestimmt hat. Was wäre die Verkündigung Jesu Christi ohne jene der Propheten? Jesus spricht vom »Gott Abrahams, Gott Isaaks und Gott Jakobs«, dem »Gott der Lebenden« (Lk 20,37). Ich beobachte in meiner Diözese die Versuchung, das Alte Testament beiseite zu lassen und es durch andere Lesungen zu ersetzen: »Der kleine Prinz« ist zwar sehr schön, aber bitte lesen wir ihn nicht in der Liturgie!

Was Jesus nach diesen zwei Worten über sein Reich tat, ist genau das, was wir alle, Priester und Bischöfe, seitdem ständig tun:

»Und er nahm Brot, sprach das Dankgebet, brach das Brot und reichte es ihnen mit den Worten: Das ist mein Leib, der für euch hingegeben wird. Tut dies zu meinem Gedächtnis! Ebenso nahm er nach dem Mahl den Kelch und sagte: Dieser Kelch ist der Neue Bund in meinem Blut, das für euch vergossen wird.« (Lk 22,19–20)

Diese »Einsetzungsworte« sprechen das Wesentliche von dem aus, was jedes Mal geschieht, wenn wir es »zu Seinem Gedächtnis« tun. Wir wissen, dass diese Worte das *bewirken*, was sie sagen. Es ist wirklich der Leib Christi, vor dem wir das Knie beugen, nachdem wir diese Worte gesprochen haben, und es ist sein Blut, das wir mit der gleichen Geste verehren.

Zum ersten Mal hat Jesus damals diese einzigartige Gegenwart *vere, realiter, substantialiter* – »wahrhaftig, wirklich und substantiell« realisiert, wie es das Konzil von Trient im Anschluss an den hl. Thomas formuliert hat. Durch die Kommunion mit seinem Leib und seinem Blut baut sich die Kirche als Leib Christi auf. Das Leben, das Christus hingegeben hat, ist von da an das Lebensprinzip seiner Kirche. Es ist dieses Geschenk, das ihr Sein ausmacht: *»… so wie Christus die Kirche geliebt und sich für sie hingegeben hat«* (Eph 5,25).

Wir Priester sind die Diener dieser Liebe Christi zu seiner Kirche. Indem wir *in persona Christi* – in der Person Christi – handeln und dieses Geschenk Christi für seine Kirche vergegenwärtigen und wirksam machen wollen, sind wir aufgerufen, in Übereinstimmung mit Christus zu leben und uns uneingeschränkt in seinen Auftrag für die Kirche einzufügen. Dieser einzigartige Augenblick, der zugleich jener der Gründung der Kirche und der Einsetzung des »geweihten« Amtes ist, und der sich bis an das Ende der Zeiten immer wieder erneuert, ist das Mark, ja die lebendige Mitte unserer Eucharistiefeier.

Ich habe einen jüngeren Bruder, der Film- und Theaterschauspieler ist. Manchmal necke ich ihn, indem ich zu ihm sage: »Weißt du, wir spielen schon seit zweitausend Jahren ein Stück. Es ist immer dasselbe, und es gibt immer ein Publikum. Ihr dagegen müsst euer Programm für das Theater jedes Jahr ändern!«

Allerdings ist das, was sich nach Lukas im Anschluss an diesen Moment der Einsetzung ereignet hat, sehr »desillusionierend«, was diese Diener angeht, zunächst die Apostel und dann auch uns, ihre Nachfolger. Denn wenn wir die Nachfolger der Apostel und ihrer Mitarbeiter sind, so sind wir das nicht nur in Hinblick auf die »heilige Vollmacht«, die *sacra potestas*, die uns als Dienern der Kirche übertragen ist, sondern wir sind sehr wohl auch ihre Nachfolger in Hinblick auf Fehltritte, Fehlverhalten und Unzulänglichkeiten. Unmittelbar nach der Einsetzung der Eucharistie hat sich ein schwerwiegendes Fehlverhalten gezeigt, von dem uns nur der hl. Lukas berichtet hat; Jesus kündigt den Verrat des Judas an:

»Doch seht, der Mann, der mich verrät und ausliefert, sitzt mit mir am Tisch. Der Menschensohn muss zwar den Weg gehen, der ihm bestimmt ist. Aber weh dem Menschen, durch den er verraten wird.« (Lk 22,21–22)

Diese Ankündigung stürzt die Apostel in Unruhe und Verwirrung: *»Da fragte einer den anderen, wer das wohl sei, der so etwas tun werde.«* (Lk 22,23)

Bei diesem aufgeregten Reden der Apostel untereinander gibt es etwas, das uns alle betrifft: die Frage nach dem Verrat. Wäre ich dazu imstande? Wir sprechen das stille Gebet des Priesters vor der Kommunion: »Hilf mir, dass ich deine Geboten treu erfülle und lass nicht zu, dass ich jemals von dir getrennt werde.« Das ist das direkte Echo auf diese Frage der Apostel an Jesus. Zeugen des Wirkens des hl. Pfarrers von Ars haben berichtet, dass er bei diesen Worten jedes Mal weinte. Wir können für die Priester, unsere Mitbrüder, und für uns selbst dieses Gebet gar nicht oft genug sprechen: »Lass nicht zu, dass ich jemals von dir getrennt werde.« In der byzantinischen Chrysostomus-Liturgie wird hier ein besonders schönes Gebet gesprochen: »Ich werde dir nicht den Kuss des Judas geben, sondern dich wie der gute Schächer bitten: Denk an mich, wenn du in dein Königreich eingehst.«

Kaum hatte sich der Aufruhr um diese Frage, wer den Verrat begehen würde, gelegt, entbrannte unter ihnen ein Streit: *»Es entstand unter ihnen ein Streit darüber, wer von ihnen wohl der Größte sei.«* (Lk 22,24) Während Markus und Matthäus diesen Streit auf den Weg nach Jerusalem datieren, direkt nach der dritten Ankündigung der Passion (Mk 10,42–44, Mt 20,25–27), erzählt Lukas von einem solchen Wettstreit bereits nach der Verklärung und der zweiten Ankündigung der Passion. Ist es eine Verdopplung, wenn noch einmal vom Streit über den Vorrang die Rede ist? Oder ist es wahrscheinlicher, dass sich solche Streitereien öfter wiederholt haben? Wenn ich an die Diskussionen bei uns im Klerus denke, neige ich zur Ansicht, dass es sich hier nicht um eine einmalige Szene handelt, und ich sehe darin ein Indiz für die Wahrheit der Evangelien und die historische Authentizität der Evangelien überhaupt.

Doch wenn Lukas eine derartige nicht gerade edle Streiterei ausgerechnet auf den Moment nach der Einsetzung der Eucharistie verlegt, so gibt uns das zu denken: Wie ist das möglich? Da hat Jesus ihnen soeben seinen kostbarsten Schatz, sein Testament, anvertraut, sein Lebensopfer, hingegeben für das Heil der Welt – und wenige Augenblicke später haben die Apostel nur den eigenen Rang im Kopf, die Rivalität, wer der Größere sei, das sehr menschliche und sehr klerikale Spiel, sich hervorzuheben, in Szene zu setzen, um Erfolg, um Akzeptanz und um weltliche Bedeutung zu rivalisieren. Wie schockierend: ein klerikaler Streit, quasi in der Sakristei des Abendmahlsaals, am Abend vor der Passion Jesu, in der Nacht, da Er ausgeliefert wurde, Er sich freiwillig der Passion hingab! Wie oft sind wir von der heiligen Messe weggegangen, um gleich danach mit unseren Rivalitäten zu beginnen. Wie oft ist es sogar schon im Kopf während der Messe selbst passiert!

Ich füge als Exkurs etwas über die Vorbereitung zur Messe ein: Wie wir hineingehen und wie wir danach herauskommen ... Ich habe einmal in meinem Leben Padre Pio getroffen, als ich sechzehn Jahre alt war. Mein Heimatpfarrer hatte mich eingeladen, an einer Pilgerreise nach Assisi, Rom, Loreto u. a. und zu Padre Pio teilzunehmen. In diesem Alter waren für mich die frommen Damen im Autobus, das Herunterleiern des Rosenkranzes und die Menschenmenge, die vor dem Tor der Kirche San Giovanni Rotondo kreischte und schrie, ein Horror. Wir kamen schon um vier Uhr früh zur Kirche, um die ersten zu sein und während der Messe von Padre Pio einen Platz in der Nähe des Altars zu haben. Dort sah ich Padre Pio die Messe feiern. Ich habe weder vorher noch nachher je eine Messe so empfunden wie an diesem Tag. Mir schien, als erlebte ich die Wirklichkeit, als hätte sich der Schleier des Sakraments gelüftet und man hätte die Realität gesehen. Nach der Messe hatte ich das Privileg, mit einigen Männern in die Sakristei gerufen zu werden. Wir fanden Padre Pio kniend vor, er verrichtete lange Zeit sein Dankgebet und ich hatte das unvergessliche Privileg, ihm die Hand zu küssen.

Wie steht es also um unsere Vorbereitung auf die Messe? Ich stelle diese Frage mit einiger Sorge:

Wie oft komme ich selbst in größter Hast zur Messe! Sicher gibt es immer Entschuldigungen, Begründungen, denn der Kalender ist immer zu voll. Nun, ich gebe Ihnen eine Anregung. Die Älteren unter uns erinnern sich gewiss noch an die Gebete, die man sprach, während man das liturgische Gewand anlegte. Wenigstens in diesem Augenblick, wenn wir die Albe, das Zingulum, die Stola, das Messgewand anlegen, dann sprechen wir doch die schönen Gebete, die uns helfen, uns vorzubereiten. Der Priester zieht sein liturgisches Gewand an, »um sich von sich selbst zu unterscheiden« (Nikolaj Gogol), um Jesus zu repräsentieren, *in persona Christi*.

Geben wir keine letzten Anweisungen für die Liturgie und auch nicht die neuesten Kommentare zur Wirtschaftslage, während wir uns ankleiden. Wenigstens diesen Augenblick sollten wir bewahren. Und wenn wir nach der Messe keine Zeit für ein Dankgebet haben, weil die Pfarre wartet, weil Leute da sind, so nehmen wir uns zumindest die Zeit nach der Kommunion für eine etwas längere stille Danksagung. Bitten wir den Chor, das Danklied nicht sofort nach der Kommunion zu singen, sondern halten wir zuerst einen Augenblick der Stille. Man hat die Stille aus der Liturgie vertrieben. Dabei brauchen wir die kleinen Momente der Stille im Laufe der Messe so sehr. Machen wir kleine Pausen während der Feier des Gottesdienstes, ein paar Sekunden Schweigen, um uns zu sammeln und um uns zu vergegenwärtigen, was wir tun. Die Gläubigen werden uns dafür sehr dankbar sein. Wie kann man sonst vermeiden, dass die Liturgie unter die Räder der Banalisierung gerät, zumal wir alle Tage und nicht nur am Sonntag, sondern manchmal sogar wochentags mehrmals täglich die Messe feiern? Wie können wir dabei frische Lebendigkeit bewahren? Diese kleinen Augenblicke der Konzentration, des Gebetes und des sich Sammelns helfen dabei.

Doch zurück zum Rangstreit der Apostel im Abendmahlsaal. Jesus macht ihnen keine Vorwürfe. Er sagt ihnen einfach, wie hohl, leer und verlogen die Größenordnungen dieser Welt sind:

»Die Könige herrschen über ihre Völker und die Mächtigen lassen sich Wohltäter nennen. Bei euch aber soll es nicht so sein, sondern der Größte unter euch soll werden wie der Kleinste und der Führende soll werden wie der Dienende. Welcher von beiden ist größer: wer bei Tisch sitzt oder wer bedient? Natürlich der, der bei Tisch sitzt. Ich aber bin unter euch wie der, der bedient.« (Lk 22,25–27)

Jesus, der bei Tisch bedient, Sklavendienst leistet, gibt nicht nur zu essen und zu trinken, sondern gibt Sich selbst zu essen und zu trinken. Die Eucharistie ist von dieser Haltung des Dienens nicht zu trennen, sie ist die Quelle der pastoralen Hirtenliebe. Was Jesus uns damals im Obergemach in dieser denkwürdigen und einzigartigen Nacht zum Gedächtnis aufgetragen hat und woran wir noch immer jeden

Tag teilhaben, ist in der Tat sein Testament. Das Geschenk des Sakraments ist untrennbar mit seinem Geschenk des Dienens verbunden.

Wir können, gemeinsam mit den Aposteln, unseren Dienst nur verstehen, wenn wir immer zu jenem Ausgangspunkt im Obergemach zurückkehren, wo der Meister uns *sein Leben* als Nahrung und als Maß, als Modell und als innere Kraft geschenkt hat, die er uns vermittelt, indem er sich uns schenkt. Jesus-Eucharistie: das ist unsere »Lebensschule«!

Nach diesem beschämenden »klerikalen« Rangstreit setzt Jesus einen unglaublichen Schritt, der uns erschüttert durch sein völliges Vertrauen in uns, in seine Apostel – trotz des erbärmlichen Schauspiels, das sie ihm zuvor gerade mit ihren Rivalitäten geboten hatten. Da, im völligen Bewusstsein ihrer Schwäche und im Wissen, dass sie alle ihn bald im Stich lassen würden, richtet er an sie die stärksten Worte, die man sich vorstellen kann:

»In allen meinen Prüfungen habt ihr bei mir ausgeharrt. Darum vermache ich euch das Reich, wie es mein Vater mir vermacht hat.« (Lk 22,28–29)

Wie kühn sind diese Worte, wie weitreichend ihre Bedeutung! Das Reich Gottes – unseren Händen anvertraut, ohne Einschränkung, voll und ganz. Nicht ein kleiner Teil oder Prozentsatz, auch nicht ein Anteil probeweise, sondern eine testamentarische Verfügung, ein Erbe ohne Einschränkung: Das Reich meines Vaters ist euren Händen anvertraut und euren Herzen.

Wenn wir nur das Vertrauen ermessen könnten, das Jesus uns schenkt! Wir müssten darüber in der Tat fassungslos sein. Sagen wir nicht: dieses Wort gilt doch nur für die Apostel! Es gilt für uns alle, denen sich Christus durch die Ganzhingabe der Eucharistie voll und ganz geschenkt hat. Es ist, als hätte er nicht unsere Schwäche, unsere Nachlässigkeiten und unser Versagen sehen wollen, sondern einzig seine Liebe für uns im Auge gehabt, die sich nicht scheut, sich uns unermesslich anzuvertrauen.

Nehmen wir diese Worte an als Worte des Trostes, den Jesus spendet. Ich bin zuweilen versucht, mich von meinen Unzulänglichkeiten entmutigen zu lassen, meinen Schwächen, meiner Erbärmlichkeit, meinen Schwierigkeiten, Hindernissen und den Strapazen des Lebens. Jesus zeigt ein vollkommenes Vertrauen in den Menschen, in seine Apostel, und das kann nur der Ausdruck einer bedingungslosen Liebe sein.

Um unseren Besuch im Obergemach zu beenden, noch ein Wort über die drei letzten Aussprüche, die in diesem Kapitel 22 des Lukasevangeliums gesagt werden, bevor Jesus das Mahl verlässt und nach Gethsemane hinausgeht. Da steht die eschatologische Verheißung:

»Ihr sollt in meinem Reich mit mir an meinem Tisch essen und trinken, und ihr sollt auf Thronen sitzen und die zwölf Stämme Israels richten.« (Lk 22,30)

Gewiss, das bezieht sich zunächst auf die Zwölf, die Grundsteine des himmlischen Jerusalem (vgl. Offb 21,14). Aber es ist auch eine Verheißung, die Jesus zugleich uns gegeben hat, uns Dienern in der Nachfolge der Apostel.

Erlauben Sie mir dazu eine Frage, die mich bewegt. Es gibt zahlreiche Äußerungen Jesu, in denen vom Lohn in der Ewigkeit die Rede ist. Wie sollen wir diese Verheißungen in unserem geistlichen Leben einordnen? Ich habe in meiner ersten Meditation den Ausspruch des hl. Pfarrers von Ars gegenüber dem jungen Hirten zitiert, der ihm den Weg nach Ars gezeigt hatte: »Ich werde dir den Weg zum Himmel zeigen.« Ich stelle die Frage in einfachen Worten: Freuen wir uns über die Aussicht, »zum Himmel zu gelangen«? Denken wir an die vielen Äußerungen der kleinen heiligen Thérèse über das Exil auf dieser Erde und über die Freude, in den Himmel zu kommen. Sprechen wir vom Himmel? Ersehnen wir ihn?

Mein Chauffeur, der vor Kurzem nach fünfzig Jahren im Dienst der Erzdiözese in den Ruhestand gegangen ist, pflegte auf derlei Fragen zu antworten: »Gewiss, Eminenz, aber bitte nicht vordrängen!«

Stellt der Himmel für uns eine Realität dar? Ist für uns in unserem Leben und für unsere Gläubigen die Verheißung des ewigen Lebens, des himmlischen Glücks und die Vorstellung des Lebens als Pilgerweg mit dem Ziel der Glückseligkeit präsent? Wird die Eucharistie als ein *pharmakon*, eine »Arznei der Unsterblichkeit«, wie sie Ignatius von Antiochien nennt, erlebt? Wie verhält es sich mit diesem *pignus futurae gloriae,* dem »Unterpfand künftiger Herrlichkeit«, wie es der hl. Thomas von Aquin bezeichnet? Leben wir »dieses Exil«, wie die Kleine Thérèse gerne sagte, als diese *vita brevis*, von der die Alten sprachen?

Eine deutsche Soziologin, Marianne Gronemeyer, hat eine ironische, aber durchaus treffende Formulierung gefunden: »Im Mittelalter lebten die Menschen viel länger als wir. Wir leben neunzig Jahre – und dann ist es aus; sie aber lebten dreißig Jahre – plus die Ewigkeit.« Das ändert alles! Ich bin davon überzeugt, dass viele Scheidungen gar nicht stattfänden, wenn wir mehr mit der Aussicht auf das ewige Leben lebten, der Vollendung im Reich Gottes. Wie sehr haben wir es doch nötig, uns immer wieder die Lektüre des siebten Kapitels von Lumen Gentium, »Der endzeitliche Charakter der pilgernden Kirche und ihre Einheit mit der himmlischen Kirche«, vor Augen zu halten.

Jetzt aber noch ein Wort über die berühmte Stelle über Petrus, die Lukas unmittelbar nach die große Verheißung des Reiches Gottes an die Apostel stellt:

»Simon, Simon, der Satan hat verlangt, dass er euch wie Weizen sieben darf. Ich aber habe für dich gebetet, dass dein Glaube nicht erlischt. Und wenn du dich wieder bekehrt hast, dann stärke deine Brüder.« (Lk 22,31–32)

Jesus hat den Zwölf alles anvertraut – und in deren Nachfolge auch uns. Das Risiko ist umso größer, als ihm bewusst ist, in welchem Maße *»Satan nach euch verlangt hat«*. Nochmals: haben wir ermessen, wie sehr wir das Ziel des »Grappin« sind, wie der hl. Pfarrer von Ars den Teufel nannte?

Und gewiss ist Petrus ganz besonders im Visier dessen, der die gesamte Kirche »sieben« will. Wenn ich an die medialen Stürme gegen den Heiligen Vater im Laufe der letzten Monate denke, vor allem seit Ende Januar 2009 (seit der »Affäre Williamson«), kann ich nur an diese Worte Jesu an Petrus denken. Einem französischen Journalisten, der zu mir sagte: »Die Kirche erlebt ihre tiefste Krise«, antwortete ich: »Die Kirche hat andere Krisen gesehen, aber was für ein Getöse hat man um diese Pannen gemacht, von denen der Papst gesprochen hat!«

Wenn sich der Sturm speziell gegen Petrus entfesselt, dann ist wieder Petrus derjenige, der besonders vom Herrn selbst beschützt wird: *»Ich aber habe für dich gebetet, dass dein Glaube nicht erlischt.«*

Welche Kraft und welche Wahrheit liegt in diesem felsenfesten Versprechen! In den zweitausend Jahren der Kirchengeschichte gab es nicht wenige Zeugnisse menschlicher Schwächen: moralisches, aber auch politisches Fehlverhalten, Irrtümer in der Einschätzung und vieles andere. Aber kein Papst ist je im Glauben fehlgegangen. Wie könnte man auch, wiederhole ich, nicht Vertrauen in das Versprechen Jesu gegenüber Petrus haben?

Am Ende stehen in der Erzählung über das Abendmahl bei Lukas diese letzten Worte Jesu, bevor er zum Ölberg hinausgeht und festgenommen wird:

»Dann sagte Jesus zu ihnen: Als ich euch ohne Geldbeutel aussandte, ohne Vorratstasche und ohne Schuhe, habt ihr da etwa Not gelitten? Sie antworteten: Nein. Da sagte er: Jetzt aber soll der, der einen Geldbeutel hat, ihn mitnehmen und ebenso die Tasche. Wer aber kein Geld hat, soll seinen Mantel verkaufen und sich dafür ein Schwert kaufen. Ich sage euch: An mir muss sich das Schriftwort erfüllen: Er wurde zu den Verbrechern gerechnet. Denn alles, was über mich gesagt ist, geht in Erfüllung. Da sagten sie: Herr, hier sind zwei Schwerter. Er erwiderte: Genug davon!« (Lk 22,35–38)

Diese Worte, die uns nur der hl. Lukas überliefert, scheinen mir eine Situation darzustellen, die vielen von uns bekannt ist. Hören wir genau hin: Jesus erinnert dabei zuvor an die Anfänge, den »Frühling von Galiläa«, wie die Exegeten sagen, die Zeit, als alles gut zu gehen und zu gedeihen schien, eine Zeit voller Begeisterung, voller Jugend – eine Bewegung, die vielversprechend war. Das erinnert mich an den Beginn der Siebzigerjahre, als ein charismatischer Frühling in der Luft lag, die Zeit der Entstehung der *movimenti* und der neuen Gemeinschaften. In der Tat – es schien einem an nichts zu fehlen. Es war eine Kraft, eine Freude, ein großer Enthusiasmus da, eine Erneuerungsphase nach den nachkonziliaren Erschütterungen.

Vierzig Jahre später scheinen die Dinge viel schwieriger zu liegen. Die neuen Gemeinschaften durchleben eine nach der anderen große Herausforderungen und interne wie externe, bisweilen tiefe Krisen. Die Zeiten scheinen sich verdüstert zu haben. Weltweit wird vielerorts die Feindseligkeit gegenüber der Kirche immer stärker. Es heißt, an die 250 Millionen Katholiken werden verfolgt oder diskriminiert. Der Papst ist die bevorzugte Zielscheibe der Kritik ...

Ist das die Zeit, zu den Schwertern zu greifen? Ist es das, was Jesus von uns verlangt? Ist die Antwort der Jünger, *»Herr, hier sind zwei Schwerter«*, nicht wieder ein Missverständnis ihrerseits? Jesus scheint es jedenfalls nicht gutzuheißen. In der jahrhundertelangen theologischen Diskussion über die »zwei Schwerter«, das der Kirche und das des weltlichen Herrschers, findet dieses Missverständnis nur seine Fortsetzung.

Jesus bereitet sich auf die Passion vor, auf seinen Weg, der ihn dazu führen wird, zu den Verbrechern gezählt zu werden. Man sagte über die Christen der ersten Zeiten: *»Der Abschaum der Menschheit«* (vgl. 1 Kor 4,13). Die Bischöfe Europas sind 2007 in Fatima zusammengekommen, um diese Frage zu diskutieren: Ist in Europa der Zeitpunkt gekommen, wo man uns sagen wird: »Ihr Christen – und vor allem ihr Katholiken – eure Werte sind nicht die unseren. Ihr seid Fremde in diesem Europa«? Wir sind von diesem Tag nicht mehr weit entfernt.

Das Evangelium ist sehr deutlich: *»Seht, ich sende euch wie Schafe mitten unter die Wölfe«* (Mt 10,16). Ich lese die Stelle bei Lukas im Kapitel 22 als Wort der Ermutigung und der Gemeinschaft durch und mit Jesus für die Prüfungen in einer Zeit, wo die Jünger Leiden, Verfolgung und Ablehnung erfahren werden.

Gelten diese Worte auch für uns, die wir versucht sind, uns entmutigen zu lassen? Die Erinnerung an eine Zeit des Frühlings in unserem priesterlichen Dasein, an unsere Anfänge voller Elan, wo alles so gut zu laufen schien, wo es uns an nichts fehlte – wozu soll das gut sein? Nur um nostalgisch zu werden? Oder um von besseren Zeiten zu träumen? Warum fordert Jesus sie auf, Vorsorge zu treffen und auf ihre Sicherheit zu achten? Etwa aus Mangel an Vertrauen? Oder aus Voraussicht, um sie darauf vorzubereiten, dass sie Ausdauer brauchen werden? Liegt nicht das Geheimnis des Lebens mit Jesus in dem, was er ihnen zuvor gesagt hatte: *»In allen meinen Prüfungen habt ihr bei mir ausgeharrt«* (Lk 22,28)?

Das griechische Wort *diamenein* bedeutet »ausharren«, verweilen mit, bleiben bei, durch alle Prüfungen, alle *peirasmoi,* alle Bedrängnisse, alle »Drangsale« Jesu! Wir haben den Text im Johannesevangelium über die Bleibe Jesu meditiert: *»Wo wohnst du?« – »Kommt und seht!«* Bei Jesus bleiben, und das eben, weil zuallererst Er bei uns bleibt: *»Ich bin bei euch alle Tage bis zum Ende der Welt«* (Mt 28,20). Er hat Vertrauen in uns, er weiß, dass wir – wie auch immer wir sind – bei Ihm bleiben.

Unsere Zeit erscheint uns für die Kirche oft so wenig frühlingshaft. Wir wollen aber auf diese Einladung Jesu hören und bei Ihm bleiben bis zuletzt, bis zum Ende. Setzen wir unsere Hoffnung nicht in diese armseligen »zwei Schwerter«, die die Apostel hatten, sondern in Ihn. Er hat kein Schwert gezogen, sondern am Kreuz den Tod erlitten und ist auferstanden. Er wohnt auch heute bei uns, vor allem in der Eucharistie, im »lebendigen Brot«, das uns die Kraft gibt, durchzuhalten auf unserem Pilgerweg, vierzig Tage, bis wir zum Berg der endgültigen Begegnung gelangen (vgl. 1 Kön 19,1–13).

V. Predigt und Mission: Fragen und Antworten

Einführung: Die Wahl der Zwölf

»Jesus stieg auf einen Berg und rief die zu sich, die er erwählt hatte, und sie kamen zu ihm« (Mk 3,13). Das ist sein Wille: *»Nicht ihr habt mich erwählt, sondern ich habe euch erwählt«* (Joh 15,16). Im Griechischen ist die Formulierung noch stärker: »Er schuf die Zwölf«, *epoiessen dodeka.* Dieses Wort *epoiessen*, das dem hebräischen *dabar* entspricht, bedeutet einen »Schöpfungsakt«. Der Ruf Jesu ist ein Schöpfungsakt, er schafft etwas Neues, eine neue Realität. Über die Zwölf haben wir schon ein wenig meditiert in Hinblick auf die symbolische Bedeutung, die diese Zahl darstellt; diese besteht aber auch in der Realität, für die sie symbolisch steht: die zwölf Stämme Israels, also ist es ganz Israel, das von Jesus als das Volk des Segens und der Verheißung wiederhergestellt wird, mit der universalen Berufung, dass alle Völker von ihm das Gesetz, die Erleuchtung und die Verheißung erhalten.

Warum setzt er dazu zwölf Jünger ein? *»... dass sie bei ihm sein sollten«* (Mk 3,14), auf dass sie bei ihm blieben, auf dass sie ständig mit ihm sein sollten. Das ist ihre erste Berufung: mit Jesus zu sein. Genauso, wie diese sie untrennbar mit Jesus verbindet, nehmen sie an seiner Sendung teil, denn dazu ist Jesus gekommen, dazu hat ihn der Vater gesandt.

»Er wollte sie dann aussenden, damit sie predigten und mit seiner Vollmacht Dämonen austrieben« (Mk 3,14–15). Das spiegelt in der Tat wider, was Gott Vater für den Sohn ist: er ist immer beim Vater – so wie wir dazu gerufen sind, immer bei Jesus zu sein; und so wie der Vater Jesus gesandt hat, so hat Jesus uns gesandt.

1. Frage
von P. Francis Jones, Missionar in Lateinamerika, zum Leben mit dem inneren Gebet:

»Ich habe ungefähr vierzigtausend Gläubige in der Pfarre. Es ist eine neue Missionsstation in Ecuador, die es seit vier Jahren gibt. Das sind wirklich die ärmsten Menschen, denn sie leben unter sehr harten Bedingungen; der Ort ist sehr laut, sodass es sehr schwierig ist, den Menschen beizubringen, still zu beten, um den Herrn zu hören und zu lernen, das Wort Gottes zu vernehmen und nicht mehr in all diesem Lärm zu leben. Ich denke, man müsste Gebetskreise schaffen, Orte, wo man beten lernen kann – aber das ist in dieser Gegend sehr schwierig – dann werden wir so weit kommen, die Botschaft des Heiligen Geistes zu hören, wie der Heilige Geist die Kirche führt. Die großen Probleme, die den Menschen im

täglichen Leben Sorgen bereiten, betreffen Nahrung, Wasser, Geld, um Medikamente kaufen zu können, und die Beendigung der Gewalt … Und da ist schließlich noch der Lärm, der mir das größte Hindernis zu sein scheint, das Wort Gottes, das Wort Jesu zu hören und aufzunehmen. Und doch ist das kontemplative Gebet in Stille eine äußerst wichtige Notwendigkeit für die Menschen. Wenn Sie mir helfen könnten, solche kleinen Gebetskreise inmitten dieses Lärms zu bilden und einzurichten, wo wir Jesus begegnen könnten, wäre ich Ihnen sehr dankbar.«

Wir haben auch Priester aus unserer Erzdiözese Wien, die in der Erzdiözese von Guayaquil (Ecuador) wirken, und ich kenne die Situation ein wenig. Sie entspricht völlig dem, was Sie soeben dargestellt haben. Das kontemplative Gebet, das innere Gebet, das Beten überhaupt ist für uns Priester zweifellos von größter Wichtigkeit, und ich sage das nicht ohne Schmerz, wenn ich mich dabei fragen muss, wo in meinem eigenen Leben ein solches Gebet Platz hat. Der Katechismus der Katholischen Kirche enthält im vierten Teil über das Gebet eine der schönsten Stellen des ganzen Buches: den Abschnitt über das kontemplative Gebet (KKK 2709–2719). Die geistlichen Meister unserer Zeit laden uns ein, das Gebet – das kontemplative Beten – als Aufruf an alle Christen zu betrachten. Sie haben bestimmt in Ihrem Leben sehr einfache Menschen getroffen, denen das tägliche Leben eine Bürde ist und die dennoch eine tiefe Gebetskultur haben. Als Priester frage ich mich: wie schaffen es diese Menschen, ein so tiefes Gebetsleben zu haben? Die Hindernisse sind beträchtlich: Müdigkeit, Erschöpfung, tägliche Sorgen. Ich glaube, der Aufruf, das kontemplative Gebet zu leben, ergeht zuallererst an uns Priester. Mutter Theresa wollte in Kalkutta das Schwesternheim nicht vom Lärm der Straße trennen. Sie wollte, dass ihre Schwestern lernen, sich selbst im Getöse einer Millionenstadt in stilles Gebet zu versenken. Mein eigener geistlicher Vater hat zu mir gesagt: »Du musst sogar an einem Bahnhof oder in der U-Bahn innerlich beten.« Ich gestehe, dass ich das nicht oft schaffe. Aber es gibt Augenblicke, wo es uns gegeben ist, in die Gegenwart Gottes einzutauchen – selbst inmitten unserer Mühen, Müdigkeit und Lärm.

Was ist inneres Gebet? Die hl. Teresa von Ávila antwortet darauf:

> »Meiner Ansicht nach ist das innere Gebet nichts anderes als ein freundschaftlicher Umgang, bei dem wir oftmals ganz allein mit dem reden, von dem wir wissen, dass er uns liebt.« (vida 8,5; KKK 2709)

Danach folgt im Katechismus ein sehr schönes Kapitel über das Beten. Und ich kann aus meiner persönlichen Erfahrung voll und ganz bestätigen, was der Katechismus hier sagt:

»Die Wahl der Zeit und die Dauer des inneren Gebetes beruhen auf einem entschlossenen Wollen, in dem sich das Verborgene des Herzens offenbart. Man betet nicht, wenn man Zeit hat, sondern man nimmt sich die Zeit, um für den Herrn da zu sein. Man tut dies mit dem festen Entschluss, ihm diese Zeit nicht wieder wegzunehmen, auch wenn die Begegnung mühevoll und trocken sein mag.« (KKK 2710)

Der feste Entschluss! Wie oft habe ich in meinen Briefen an die Priester der Diözese (die ich immer zu Weihnachten schreibe) auf dem privaten, stillen Beten bestanden. Dadurch erinnere ich mich auch selbst wieder daran. Das innere Gebet ist Schweigen. Welch ein Kampf um das Schweigen ... Ich sage das auch oft jungen Menschen: Fernsehen, Computer oder iPhone haben einen wundervollen, sehr wichtigen Knopf – den, der mit »off« bezeichnet ist, und wenn man darauf drückt, haben Sie sofort Stille. Was für ein herrliches Erlebnis!

Das Schweigen ist »unerträglich für den äußeren Menschen« (KKK 2717), aber das Schweigen, sagt ein Kirchenvater, ist ein Symbol der Welt, die kommen wird. Es ist das Schweigen in Liebe. »Das innere Gebet ist Hören«, fügt der Katechismus hinzu (KKK 2716). In meinen Jugendjahren schien mir, dass mein Beten vor allem vom Hören geprägt war; jetzt besteht mein Beten oft aus Lärm, Sorgen und all den Dingen, die mir durch den Kopf gehen, die ich im Herzen habe, all den Anliegen, Fürbitten – und so habe ich mitunter den Eindruck, dass ich es verlernt habe, aufmerksam hinzuhören: *»Rede, Herr, dein Diener hört.«* (1 Sam 3,9)

Das kontemplative Gebet ist ein Hinsehen: ein gläubiger Blick, auf Jesus gerichtet. Sie kennen alle den Bauer in der Kirche von Ars, der vor dem Tabernakel betete; der heilige Pfarrer fragt ihn: »Was tun Sie da?« – »Ich sehe ihn an und er sieht mich an«, ich betrachte ihn und er betrachtet mich.

Blicken, hören, schweigen ... Ich empfehle Ihnen die Lektüre dieser Stelle im Katechismus über Gebet und Betrachtung. Die Freundschaft mit Jesus braucht Zeit. Ich sage mir oft: verheiratete Menschen sind uns gegenüber sehr im Vorteil, weil der Partner, der Ehemann, die Ehefrau eine konkrete Person ist, aus Fleisch und Bein, mit ihren Ansprüchen, mit dem, was ihre Anwesenheit verlangt: »Ich bin da.« Ebenso ist es mit den Kindern: sie fragen nicht um Erlaubnis, ob sie in der Nacht schreien dürfen, die Kleinen schreien, sie sind da. Unser Freund ist sehr zurückhaltend. Jesus schreit nicht. Jesus rüttelt uns nicht wach: »Ich bin da, hast du Zeit für mich?« Eben deshalb ist es so wichtig, Zeit mit ihm zu verbringen. Keine Freundschaft kann langfristig bestehen, ohne den Kontakt zu halten, ohne Nähe, ohne Zeit, die man sich für den Freund nimmt. So ist der Kampf, Zeit für die Freundschaft mit Jesus aufzubringen, ein lebenswichtiger Kampf für uns und eine Quelle der Freude. Ich lade Sie ein, diesen Entschluss zu fassen: Ich will mich von dir stören lassen!

Als ich Professor für Theologie war und Zeit hatte, Bücher zu schreiben, war ich oft versucht zu sagen: Jesus, störe mich nicht jetzt, ich bin dabei, ein Buch über dich zu schreiben!

2. Frage
von P. Pierre-Emmanuel aus der Schweiz
zur Evangelisierung junger Menschen:

»Ich bin Mitglied der Gemeinschaft ›Wort des Lebens‹, die 1986 in Frankreich entstanden ist, ich selbst bin Schweizer. Meine Frage betrifft die Evangelisierung der Jugend. Diese Frage bewegt mich sehr. Welche Mittel gibt uns der Herr heute, damit wir in unserem alten Europa die Jugend erreichen und sie zu Jesus heranführen können? Ich würde gerne Ihre Ansicht zu dieser Frage hören.«

Diese Frage betrifft Europa wie auch die ganze Welt. Ich berichte Ihnen kurz von meiner kleinen – sogar sehr kleinen – Erfahrung, bevor ich jemand anderen bitte, ein paar Worte dazu zu sagen.

Zuvor: es ist eine große Freude, direkt zu evangelisieren – und doch fürchten wir uns davor, es zu tun. Ich habe gehörige Angst, zu irgendjemandem auf der Straße direkt von meinem Glauben zu sprechen. Ich glaube, ich bin nicht der Einzige, der vor dieser einfachen Aufgabe zurückschreckt, jemandem die Frohe Botschaft zu verkünden. Aber jedes Mal, wenn ich in dieser Hinsicht eine Erfahrung machen konnte, hat mich das zutiefst glücklich gemacht. Von solchen Erlebnissen bleibt dann die Sehnsucht zurück, wieder zu evangelisieren. Manchmal begreifen wir erst durch negative Erfahrungen, was Jesus von uns will.

Eines Tages saß ich im Zug. Eine Horde junger Leute stieg zu. Sie hatten schon einiges getrunken. Ich habe mitbekommen, dass sie soeben ihre Matura (Abitur) gemacht hatten und aus diesem Anlass auf dem Weg zu einer »Megafete« waren. Ich war gerade dabei, ganz andächtig mein Brevier zu beten und fühlte mich gestört. Sie erkannten mich, denn in Österreich ist der Kardinal ein weithin bekannter Mann, und so begannen sie, kleine Bemerkungen zu machen, einfach so, unter sich, kleine Hänseleien. Mir wurde klar, dass sie eine Reaktion von mir erwarteten. Ich unternahm einen flüchtigen Versuch, ihnen wenigstens ein Lächeln zu schenken. In Salzburg stiegen sie aus, und ich stellte fest, dass sie auf der Reise in die Türkei waren, wo große Trinkgelage für Maturanten organisiert werden, bei denen Sex zu haben Ehrensache ist und Präservative und die Pille kostenlos verteilt werden. Ein trostloses Spektakel. Als sie den Zug verlassen hatten, habe ich über mich selbst geweint: du hattest hier, vor dir, gut an die zwanzig junge Leute, die offensichtlich etwas von dir erwarteten – selbst wenn das in Form kleiner Neckereien geschah; der Kardinal – ihr Kardinal – ist da, hier im Zug! Ich hätte sie wenigstens fragen können: »Wie war eure Matura? Habt ihr sie geschafft? Bravo, herzlichen Glückwunsch!« Ein kleines Wort wenigstens … Aber ich wollte nicht gestört und daran gehindert werden, mein Brevier zu beten.

Ich erröte noch heute beim Gedanken daran, denn diese Leute sind in die Türkei gereist, wahrscheinlich mit der ganzen Ausgelassenheit, wie sie bei solchen Gelegenheiten üblich ist, und ich habe ihnen das Evangelium nicht verkündet, wie es ganz einfach in der Art der Bitte Jesu an die Samariterin möglich gewesen wäre: »Gib mir zu trinken.« Ein Wort des Interesses, der Nähe. Später hätten sie sagen können: »Der Kardinal hat mit uns gesprochen und uns zur Matura gratuliert.« Darum geht es: den Augenblick nicht zu versäumen, da Jesus uns ruft: »Jetzt tu das, verkünde ihnen das Evangelium – nicht unbedingt mit großen Worten, sondern einfach durch deine Anwesenheit.«

Ich bitte jetzt Schwester Catherine von der Dreifaltigkeit, von der Gemeinschaft der Seligpreisungen, uns Priester und Bischöfe zu lehren, wie man die Jugendlichen evangelisiert.

a. Zeugnis von Sr. Catherine von der Dreifaltigkeit

Ich bitte Sie nun, sich vorzustellen: es ist zwei Uhr früh, ich befinde mich hinter einem Nachtlokal an einem Strand im Süden Frankreichs, an die hundert junger Leute sind da, sie sitzen auf Bänken oder im Sand, um sich zu unterhalten, Drogen zu rauchen, zu trinken, Bekanntschaften zu machen usw. Um ehrlich zu sein, ich hatte auch keine große Lust, mit ihnen über Gott zu reden. Ich hätte genug Gründe gefunden, etwas anderes zu tun, aber ich war vom Ruf Gottes wie festgenagelt: »Wen soll ich senden?« (Jes 6, 8) Wie könnte Gott diesen jungen Leuten heute Abend ohne Vermittler begegnen? O.k., Herr, ich tue es!

In meiner Gesellschaft befindet sich auch ein junger Diözesanpriester, der für eine Woche zur Gruppe gehört. Kaum am Strand angekommen, rufen uns die Leute schon entgegen: »Hallo! Eine Ordensschwester ist da!« Es entspinnt sich ein Gespräch. Stéphane ist zweiundzwanzig und mit Piercings übersät; sein Leben verbringt er als Hausbesetzer seit dem sechzehnten Lebensjahr, und seine einzige Freude sind *Rave-Parties* oder *Freeparties.* Er hört mir zu, als ich von meiner persönlichen Begegnung mit Jesus erzähle, und als ich ende, fragt er mich: »Hast du was genommen?« – er meint Ecstasy. Ich verneine das, wir debattieren noch eine Weile und schließlich ist er ohne Umschweife einverstanden, gemeinsam zu beten, damit er Gott begegne. »Möchtest du Jesus um etwas bitten?« – »Oh ja, ich möchte gerne glücklich sein.« Wir setzen uns in den Sand und ich wende mich an Jesus mit ganz schlichten Worten. Eine Atmosphäre sanften Friedens breitet sich aus. Da fragt er mich: »Was ist das, was ich in meinem Herzen spüre? Mir scheint, es geht mir über. Mir ist sogar nach Weinen zumute – aber ich weine doch nie. Ist das die Liebe Gottes?« Ich antworte ihm lächelnd: »Hast du was genommen?«

Ein Junge läuft dem Priester hinterher und fragt ihn: »Bis du ein echter Pfarrer? Kannst du dieses Dings da machen, wo man allen Mist sagen kann, alles, was man angestellt hat, und dann ist einem verziehen?« Er wollte über das Sakrament der Versöhnung sprechen. Er hatte das erlebt, als er ganz klein war. Nach ein paar Erklärungen wurde uns klar, dass er wirklich beichten will. Das sollte hier geschehen, am Strand, mit der leisen Musik im Hintergrund, die aus der Ferne von der Diskothek herdringt ... In diesem Augenblick sage ich zu mir selbst: »Was für eine Freude, Instrument Gottes zu sein!«

Mit den Schwestern meines Ordens, Studierenden, Seminaristen und einigen jungen Priestern, die für ein bis zwei Wochen zu uns stoßen, erleben wir solche Abenteuer jeden Sommer sechs Wochen lang. Ich selbst nehme seit achtzehn Jahren an solchen Missionsaktionen am Strand teil. Jeden Abend machen wir Straßenanimationen in etwa zwölf Touristenstädten und -dörfern am Meer und gehen jede Nacht bis zwei oder drei Uhr früh dorthin, wo wir junge Leute treffen: zu den Nachtlokalen, schauen hinein und gehen weiter an den Strand und in die Parks. Wenn die Neulinge Schwester Claire, eine der Gruppenleiterinnen, fragen: »Was soll man den jungen Leuten sagen, die man treffen wird? Was soll man tun?«, antwortet diese: »Liebt sie so, wie sie sind, mit ihrer Wut und ihrer Auflehnung gegen Gott. Und sie zu lieben, heißt ihnen zuerst zuzuhören, ihnen wirklich zuzuhören, ohne um jeden Preis auf alles eine Antwort parat zu haben.«

Eines Nachts begegnen wir gemeinsam mit Schwester Véronique einem Neunzehnjährigen, Romain, der sich, als wir uns gerade mit seinen zwei Kameraden unterhalten, vor uns hinstellt und anfängt: »Alles, was ihr sagt, ist Unsinn!« Und er überschüttet uns mit einer Fülle von Gotteslästerungen und ordinären Schimpfworten. Wir hören uns das an, und es ist uns klar, dass zu diesem Zeitpunkt mit ihm zu reden sinnlos wäre und dass sich hinter einem so brutalen Gehabe gewiss ein großer Schmerz verbirgt. Schließlich rückt er heraus: »Wo ist er, euer Gott der Liebe, wenn mein Vater meine Mutter schlägt und ich auch meine Hiebe abbekomme, wenn ich versuche, dazwischenzufahren?« Véronique hakt ein: »Es ist kein Zufall, dass wir einander heute begegnen. Gott will sich dir nähern. Es tut ihm leid, dass dir scheint, Er wäre in deinen schweren Momenten nicht da; Er war da und Er ist heute Abend da, Er ist da.« Der Junge beginnt zu weinen, er ist von der Anwesenheit Gottes berührt.

Ich war oft erstaunt über das Zusammentreffen von Umständen, die es mit sich brachten, dass wir zur richtigen Zeit am richtigen Ort waren. Mir scheint, die Engel müssen eigens dafür ein Organisationsbüro haben! Zwei Missionare wandern einen überfüllten Strand entlang und überlegen, wen sie ansprechen sollen, um Zeugnis von Jesus abzulegen. Man könnte kilometerlang gehen, ohne zu wissen, bei wem man beginnen soll! Die Missionare marschieren dahin – und plötzlich geht der eine von ihnen gezielt auf einen Mann zu, der von mehreren schönen Frauen umgeben ist. Der zweite sagt sich: »Die werden ihn sicher niedermachen!« Doch schon wenige Minuten nach der anfänglichen Konversation fängt dieser Mann zu weinen an. Tatsächlich war er selbst Priester, hatte dann aber eine schwierige Phase durchlebt und soeben beschlossen, das Priesteramt aufzugeben. Dann haben alle gemeinsam an Ort und Stelle gebetet. Er erlebte diese Begegnung als Trost von Gott und konnte daraufhin seinen Weg mit Zuversicht fortsetzen.

Gott braucht dafür Instrumente, und so behält seine Frage stets ihre Aktualität: »Wen soll ich senden?« Diesen Sommer versuchte ich, Statistiken aufzustellen, und dadurch wurde mir klar, dass wir mit mehr als der Hälfte aller jungen Leute, denen wir begegnet sind, gebetet haben. Und all das in größter Einfachheit. Je nach vorangegangenem Gespräch schlägt man ihnen vor, Gott um etwas zu bitten, die Begegnung mit Gott zu suchen, oder man bietet ihnen einen Segen an und erklärt ihnen dabei, was das bedeutet – denn sie wissen es gar nicht. Zögern Sie nicht, junge Leute zu segnen, das berührt sie sehr.

Anfangs glaubte ich, jungen Menschen auf der Straße etwas von Jesus zu erzählen wäre kompliziert und schwierig, dabei ist es ganz einfach: es genügt, da zu sein, sich für sie zu interessieren und ihnen so lange Zuneigung zu zeigen, bis man ihnen vorschlagen kann, ihr Herz für die Liebe Gottes zu öffnen.

Noch ein kleines Wort über die Antworten der jungen Leute. Diesen Sommer hat uns ein Junge aus einem Vorort gesagt: »Es ist ziemlich cool, mit euch zu reden, denn man begegnet oft im Supermarkt oder auf der Straße Ordensschwestern, aber sie kommen nicht her um mit uns zu sprechen.« Wir haben ihm geantwortet, die »guten Schwestern« wären vielleicht vom »look« der Jungen eingeschüchtert. Da meinten die Jungen: »Aber nein, liebe Schwester, das sollen sie nicht! Umso mehr als wir jede Menge Fragen an euch hätten!« – Sie sind wirklich froh, wenn man sich Zeit für sie nimmt.

Ich denke auch an den jungen Mann, den ich in einem Nachtlokal kennengelernt habe. Am Ende unseres Gesprächs sagte er zu uns: »Ich gehe nie in die Kirche – aber hier kommt die Kirche zu mir!«

Oft hat man Angst, abgewiesen zu werden, deshalb hat man »Spundus«, aber tatsächlich erlebt man bei jungen Leuten selten eine Abfuhr. Manchmal testen sie uns, um zu sehen, ob man wirklich an das glaubt, was man sagt, und ob man das lebt, was man verkündet. In dieser Hinsicht kann ich bezeugen, dass Missionieren oft dem Missionierenden selbst gut tut – selbst wenn es manchmal schmerzhaft ist – es tut wohl und man wird auch selbst hinterfragt. Selbst wenn das Gespräch scheinbar mühsam ist, man versucht eben, sich nicht entmutigen zu lassen – man bittet die Kleine Thérèse darum – denn man weiß nicht, was in den Herzen vor sich geht, man weiß nicht, wie das Wort im Laufe der Zeit in ihnen wirken wird.

Vor etwa zwanzig Jahren sind zwei unserer Straßenmissionare mit einem jungen Mann am Strand in Kontakt getreten, der ganz in Schwarz gekleidet war und sich dort mit seiner Gitarre und seiner Freundin aufhielt. Er spielte in einer Hardrock-Band. Er hörte nur beiläufig zu, was die beiden Missionare zu ihm sagten, doch am gleichen

Abend kam er wieder und trieb sich während des Nachtgebets in unserer Nähe herum – ohne Gitarre und ohne Freundin. Erst fünfzehn Jahre später erfuhren wir, dass dies der Beginn seiner Beziehung zu Gott war – und heute ist er Priester. Es gäbe mehr Geschichten dieser Art zu erzählen. Ich schließe mit diesen Worten: Gott braucht Instrumente in seinem Gefolge, auch um zur priesterlichen Berufung aufzurufen. *»Wen werde ich senden?«*

b. Anmerkung von Kardinal Schönborn

Die schönsten Erfahrungen der Evangelisation, die ich machen durfte, gingen von jungen Menschen aus, die zum Beispiel zu mir sagten: »Herr Kardinal, wir werden eine Tour durch die Nachtlokale unternehmen!« Sie selbst hatten das organisiert und mich einfach mitgenommen. Oder sie organisierten im Advent »Lebende Krippen« in Einkaufszentren – und nahmen mich mit, um mit den Leuten ins Gespräch zu kommen. Oder wir verteilen ganz einfach in Wien am Tag des heiligen Valentin, dem Schutzpatron der Verliebten, »Liebesbriefe Gottes an seine schönste Idee: an dich!« Wir sind zurzeit bei etwa zweihunderttausend Briefen, die unsere Pfarrgemeindemitglieder, der Bischof inklusive, seine Mitarbeiter, der Generalvikar usw. am Valentinstag in den U-Bahn-Stationen verteilen, um den Menschen zu sagen: »Ein Liebesbrief für Sie!« Manchmal gibt es ein Gespräch, manchmal gehen die Leute nur vorbei. Fast alle nehmen den Brief. Im Umschlag steht ein quasi von Gott handgeschriebenes Wort »an Dich« mit einem kleinen Blatt, das zu Gebetsorten einlädt, wo an diesem Tag abends Gebetsrunden organisiert sind, Abende der Barmherzigkeit und vieles andere mehr.

3. Frage
von P. Antonio, einem portugiesischen Priester aus einer Diözese südlich von Lissabon, zum Exorzismus und seiner Praxis:

»Die Frage, die ich stelle, wird mir sehr oft von den Mitgliedern meiner Pfarrgemeinde gestellt: sie betrifft das Böse, den Exorzismus. Meine priesterlichen Mitbrüder scheuen sich immer davor, darüber zu sprechen. In meiner Diözese gibt es keinen Exorzisten. Die meisten Leute haben kein Problem, aber wenn ich bei einem jungen Menschen spüre, dass es ein Problem gibt – was soll ich tun? Alle reden davon, aber nie in einfacher, friedlicher Art. Soll man darüber sprechen, und wenn ja, wie? Die jungen Menschen sprechen am Telefon oft zu uns davon, sie rufen in der Nacht an, weil sie Angst haben. Wenn man ein junger Priester ist und ein junges Mädchen um Mitternacht empfängt, wird das nichts Gutes bringen, weder für mich noch für sie. Die jungen Menschen haben

Angst, sie sehen schlimme Dinge. Wenn man ihnen sagt, ›Ich kann dir nichts geben, ich weiß nicht, was ich dir antworten soll‹, sieht man sie nie wieder, denn dann suchen sie sich Magier.«

Der hl. Pfarrer von Ars hat gesagt: »Wir sind einander wohlbekannt, der ›Grappin‹ und ich« – wobei er den Teufel meinte, der ihn so oft angegriffen hat. Wir haben eindrucksvolle Zeugnisse in Nodets Buch, das bereits zitiert wurde, über Erfahrungen des Pfarrers von Ars mit dem Bösen. Der Schlüssel scheint mir zu sein, wie er damit umging. Auf die Frage, wie er mit diesem realen Teufel, der ihn sogar physisch verfolgte und sichtbare Feuerspuren im Pfarrhaus hinterließ, existieren konnte, antwortete er: »Ach, ich gewöhne mich daran. Ohne Gottes Erlaubnis ist er machtlos.«

Das muss uns klar sein: offensichtlich gibt es den Teufel. Das ist keine Erfindung einiger Gestriger, es ist eine Realität. Der Katechismus erinnert uns daran, dass die heilige Schrift von einem »Sünder unter den Engeln« spricht; dieser Sündenfall besteht in der freien Wahl von Geschöpfen, die entschieden und unwiderruflich Gott und sein Reich ablehnten. Die Schrift bezeugt den verhängnisvollen Einfluss dessen, den Jesus einen »Mörder vom Anfang an« (Joh 8,44) nennt und der sogar versucht hatte, Jesus von seiner Sendung abzuhalten, die er vom Vater erhalten hatte. Johannes sagt: *»Der*

Sohn Gottes aber ist erschienen, um die Werke des Teufels zu zerstören.« (1 Joh 3, 8) Das folgenschwerste dieser Werke war die verlogene Verführung des Menschen zum Ungehorsam gegenüber Gott (vgl. KKK 391–395).

In unserer Diözese gibt es seit langem einen offiziellen Exorzisten, der vom Bischof ernannt ist; ihm ist eine Gruppe von ungefähr zehn Priestern beigestellt, die ihn mit Gebeten unterstützen. Sie teilen sich die Arbeit untereinander auf und kommen zusammen, um schwierige Fälle zu besprechen. Ich finde es bedauerlich, beklagenswert und unverständlich, dass es nicht in allen Diözesen Exorzisten gibt. Sie sind notwendig. Das ist eine Realität, aber beachten wir auch, was ein bekannter Exorzist der Erzdiözese Paris in den Dreißigerjahren des 20. Jahrhunderts in seinem Buch über Exorzismus und psychische Krankheiten schrieb: die meisten Fälle, die er behandelt hat, gehörten zur Psychiatrie und nicht zum Exorzismus. Deshalb hatte er stets einen Arzt bei sich, einen Psychiater, der selbstverständlich gläubig war und ein Leben in Gebet und mit Empfang der Sakramente führte.

Es ist wichtig, dass ein Exorzist seine Tätigkeit nicht allein verrichtet. Wenn er den Großen Exorzismus durchzuführen hat, was eher selten, aber doch immer wieder vorkommt, so tut er das niemals allein, sondern immer mit Personen, die beten, und in Anwesenheit eines Arztes. Fragen Sie junge

Leute: sie alle haben Filme über Exorzismus gesehen. Das Thema ist allgegenwärtig in unserer Gesellschaft – außer bei uns Geistlichen. Wir müssen verstehen, dass der Exorzismus zum Auftrag der Apostel und damit der Bischöfe und Priester gehört.

Man muss klar unterscheiden: Das eine ist der Große Exorzismus, der dem Bischof vorbehalten ist oder dem vom Bischof dazu Beauftragten, denn man improvisiert nicht als Exorzist. Etwas anderes ist das *Gebet um Befreiung*, das für uns Priester zum Alltäglichen gehört. Das ist ein Gebet, das mit der Autorität Jesu, der Heiligen und der Engel gesprochen wird, um sich für einen Menschen zu verwenden, der zwar nicht besessen, aber heimgesucht und verwirrt ist von Angriffen des Bösen. Wir müssen den Gläubigen diesen Dienst erweisen – das gehört zu unserem priesterlichen Dienst.

Noch etwas anderes sehr Wichtiges ist notwendig, das der hl. Johannes vom Kreuz und die großen geistlichen Lehrer immer gesagt haben: der Dämon hat keinen Zugang zum Herzen eines Menschen, zu seinem Kern, zur Seele, sondern sein Angriffspunkt können nur die menschlichen Schwächen sein, der Bereich der Sinnlichkeit. Das können wir an unseren eigenen Versuchungen sehen: sie zielen stets auf Hochmut, Eitelkeit, Unmäßigkeit im Genuss, Unkeuschheit, Verhärtung des Herzens ab – alles Dinge, die mit unserer Sensibilität zu tun haben. Das ist das Wirkungsfeld des Versuchers. Die Seele ist in der Hand Gottes, und Gott allein hat Zugang zum Heiligsten, dem tiefsten und intimsten Wesenskern der Person selbst.

Eine interessante Beobachtung: Es gibt eine Wortkonkordanz zu den Schriften der hl. Thérèse von Lisieux. Unter den Begriffen, die dort zu finden sind, kommt das Wort »Teufel« sehr selten vor – ebenso wie das Wort »Hölle«, während die Worte über »Erbarmen« und »Vertrauen« viele Seiten füllen.

Der Dämon ist eine Realität, aber keine Realität, die für uns eine Obsession werden müsste. Im Katechismus heißt es:

> »Die Macht Satans ist jedoch nicht unendlich. Er ist bloß ein Geschöpf; zwar mächtig, weil er reiner Geist ist, aber doch nur ein Geschöpf: er kann den Aufbau des Reiches Gottes nicht verhindern. Satan ist auf der Welt aus Hass gegen Gott und gegen dessen in Jesus Christus grundgelegtes Reich tätig. Sein Tun bringt schlimme geistige und mittelbar selbst physische Schäden über jeden Menschen und jede Gesellschaft. Und doch wird dieses sein Tun durch die göttliche Vorsehung zugelassen, welche die Geschichte des Menschen und der Welt kraftvoll und milde zugleich lenkt. Dass Gott das Tun des Teufels zulässt, ist ein großes Geheimnis, aber ›*wir wissen, dass Gott bei denen, die ihn lieben, alles zum Guten führt.*‹ (Röm 8,28)« (KKK 395)

Der Teufel kann nichts ausrichten bei denen, die Gott lieben. Wenn Sie Liebhaber der Werke von

J. R. R. Tolkien sind, dem Autor von »Herr der Ringe«, oder von C. S. Lewis, Autor der »Narnia«-Chroniken, so wissen Sie, dass dieser Kampf gegen den Bösen und die Kräfte des Bösen am Ende gewonnen werden wird – durch die Gnade Dessen, der den Teufel besiegt hat.

4. Frage
von P. Marion
zur Haltung gegenüber wiederverheirateten Geschiedenen:

»Ich bin Pfarrer in den Obervogesen [eine gebirgige Region im Nordosten Frankreichs], aber ich war dreiunddreißig Jahre lang in Paris als Kaplan der Pädagogischen Zentren ›Madeleine Daniélou‹ tätig, die von der Mutter des Kardinals Daniélou gegründet worden waren. Ich habe während dieser ganzen Zeit auch beim Rundfunk Notre-Dame für die Sendung »Ècoute dans la nuit« [»Höre in der Nacht«] gearbeitet. Eine der großen Gnaden, die mir in meinem Leben zuteil wurde, war die Aufgabe, 1980 im Parc des Princes die Vigil von fünfzigtausend jungen Menschen mit Johannes Paul II. zu leiten.

Meine Frage hat mit dem Thema Barmherzigkeit zu tun: In unserer Pfarre werden wir angehalten, zu den Ärmsten der Armen zu gehen, das Konzil hat uns aufgefordert, dass wir den Ärmsten Aufmerksamkeit schenken. Die Ärmsten sind nicht nur diejenigen, denen es an Mitteln zum Leben fehlt oder die ausgegrenzt sind, sondern für mich sind es nach meinen Beobachtungen, die ich ständig mache, auch diejenigen, die in der Liebe gescheitert sind, solche, die Probleme in einer begonnenen Liebesbeziehung hatten oder in ihrem Zuhause, das sie sich geschaffen hatten.

Das schmerzt mich tief – umso mehr, als diese Menschen am Leben der Pfarre teilnehmen: unter meinen Katechisten habe ich drei wiederverheiratete Geschiedene, die den Katechismusunterricht erteilen, zur Messe kommen und die zur Kommunion gehen, auch weil sie mit mir darüber gesprochen haben. Für sie ist es ein Bedürfnis und ein Beispiel, das sie den Kindern geben.

Hinsichtlich dieses schwierigen Problems hätte ich gerne ein paar Anregungen, mit denen Sie uns in der Haltung der Barmherzigkeit gegenüber jenen helfen können, die oft ein gebrochenes Herz haben und sich ein Leben mit mehr Liebe aufbauen wollten als das alte.«

Ich bin froh, mit Ihnen meine Haltung in dieser Frage teilen zu können, selbst wenn ich mich ebenso hilflos fühle wie Sie. Es ist in Österreich allgemein bekannt, also kann ich ganz offen sagen, dass ich selbst aus einer zerbrochenen Familie komme – meine Eltern ließen sich scheiden, als ich dreizehn Jahre alt war. Sie hatten einander während der Kriegsjahre kennen gelernt – in genau drei Tagen; mein Vater war an der Front und hatte das durchaus verständliche Bedürfnis, jemanden zuhause zu wissen, während er in Stalingrad war. Nach dem Krieg stellte sich sehr bald heraus, dass diese Ehe nicht auf soliden Grundlagen gebaut war, aber immerhin blieben die Eltern bis zum Jahre 1958 zusammen.

Ich kann also von einer Realität sprechen, die ich am eigenen Leib erlebt habe, einer Realität, die mir auch von vielen anderen Seiten begegnet wie den meisten von Ihnen – zumindest in unseren europäischen Ländern oder in Nordamerika. In Lateinamerika ist die Situation ähnlich, denn sehr viele Männer haben dort drei oder vier Familien, mit denen sie in ziemlich ungeordneten Verhältnissen leben. Von der ersten Seite der Bibel an haben wir es überall mit Problemen bei dieser fundamentalen Realität des menschlichen Lebens zu tun, der Vereinigung von Mann und Frau zur Gründung der Familie und zur Weitergabe des Lebens.

Ich lade Sie zuerst zu einer barmherzigen Sicht ein. Sie kennen alle die komplexen Biographien, »Patchwork-Familien«, zusammengewürfelte Familien.

Ich hatte vor kurzem ein langes Gespräch mit einem Herrn, der in seiner vierten Ehe lebt und Kinder aus seinen ersten drei Ehen hat. Die vierte Ehe ist endlich eine glückliche, die beiden sind nun seit siebzehn Jahren zusammen, und er hat erst vor einigen Jahren zum Glauben gefunden. Er ist glücklich, für sein Leben den Glauben entdeckt zu haben, aber er hat das Scheitern der drei ersten Ehen hinter sich. Was soll man mit diesem Menschen tun, der endlich zu Jesus, zum Glauben gefunden hat und jetzt vollkommen in die Pfarrgemeinde integriert ist? Er möchte nur eines wissen: »Jetzt, da ich gläubig geworden bin, kann ich da voll und ganz am Leben der Kirche teilnehmen und die Sakramente empfangen?«

Als erstes dürfen wir nicht übersehen, dass gläubige Familien, vereinte Familien, die Ausnahme in unserer Gesellschaft darstellen. Sie sind nicht der Normalfall. Das Normale in der Stadt Wien ist die Scheidung, sind neuerliche Eheschließungen, sind die »Patchwork-Familien« – oder dass man überhaupt nicht mehr heiratet. In Frankreich gibt es durch den »PACS«, die eingetragene Partnerschaft, eine sogenannte »Ehe light«. Dieser Status wird gar nicht so sehr von homosexuellen Paaren in Frankreich in Anspruch genommen, sondern von Menschen, die eine lockere Form der Ehe wählen, weil sie die Bürde der Ehe, deren Pflichten und das Scheitern darin scheuen.

In den »Patchwork-Familien«, die so bunt zusammengewürfelt sind, gibt es auch viel Gutes. Das dürfen wir nicht übersehen. Das Grundprinzip für uns Priester ist es, diesen Eheleuten oder Partnern nicht in einer verurteilenden Haltung, sondern mitfühlend zu begegnen, auch wenn sie sich schon in ihrer dritten, vierten oder fünften Partnerschaft befinden und da und dort Kinder oder Abtreibungen hinter sich haben ... Vergessen wir nicht: es herrscht viel Großherzigkeit in diesen zusammengewürfelten Familien – nicht nur in unseren guten Familien, die lange halten. Man muss das geknickte Rohr, das nicht zerbrochen ist, und den Docht, der nicht erloschen ist, sehen (vgl. Jes 42,3; Mt 12,20) bei diesen Lebensumständen, auch wenn sie von einem objektiven Gesichtspunkt aus ungeordnet sind. Wenn wir unsere Sicht in Hinblick auf diese Situationen nicht ändern, werden wir eine Sekte! Wir sind eine Minderheit, und in unseren großen Ballungsräumen, ja sehr oft auch schon auf dem Lande, stellen Ehen, die halten, wo die Menschen ein christliches Leben führen und das Sakrament der Ehe verstehen, eine kleine Gruppe dar. In Wien werden mehr als sechzig Prozent der Ehen durch Scheidung und Wiederverheiratung gelöst, und dabei sind noch nicht einmal die vielen Paare berücksichtigt, die einfach zusammenleben, ohne verheiratet zu sein. Die Anzahl kirchlicher Eheschließungen ist dramatisch zurückgegangen.

Wie soll man mit dieser Situation umgehen? Ich habe für die Priester unserer Diözese ein Fünf-Punkte-Programm erarbeitet: »Die spirituelle, christliche und menschliche Begleitung von geschiedenen und wiederverheirateten Paaren.« Es handelt sich um eine Art »Lesehilfe«, um Schritte, die helfen, um einen Weg der Begleitung, der zu einer wahren Bekehrung, einer echten Erneuerung des Glaubenslebens führen kann:

1. Der Blick Jesu auf die Armen und Kleinen. Wer sind die Armen in den Lebensumständen dieser »Patchwork-Familien«? Es sind nicht die Wiederverheirateten, denn die haben ja einen neuen Partner gefunden; menschlich gesehen, abgesehen von den Regeln der Kirche, befinden sie sich bereits in einer Situation, wo sie sich »erfangen« haben. Die ersten Opfer unserer Scheidungen sind die Kinder. Denen, die kritisch meinen: »Ach, die Kirche ist so hart gegenüber wiederverheirateten Geschiedenen«, antworte ich immer: »Nein! Die Kirche ist mitfühlend gegenüber den Kindern.« Wo gibt es eine Lobby für Kinder von Geschiedenen? Wo ist die Stimme der öffentlichen Meinung, die sagen würde: »Die ersten Opfer sind die Kinder«? Sie haben einen Papa und eine Mama, und dann haben sie plötzlich einen »Onkel«, eine »Tante«, die Freundin von Papa, den Freund von Mama, und wie oft tragen die Geschiedenen die Last ihres ehelichen Konflikts auf dem Rücken ihrer Kinder aus?

Ich glaube, es wird hier schwer gesündigt, und daran muss von unserer Seite erinnert werden: »Belastet mit euren persönlichen Konflikten nicht eure Kinder! Eure Kinder dürfen nicht die Geiseln eurer Streitereien werden. Wenn ihr sie zu euren Geiseln macht, ist das ein Verbrechen gegenüber den Seelen der Kleinen.« Wenn ich das vor versammelter Gemeinde sage, tritt immer große Stille ein. Wo gibt es Barmherzigkeit für die Kinder? Also ist meine erste Frage, die ich wiederverheirateten Geschiedenen stelle: »Wie ist die Lage eurer Kinder? Habt ihr sie wegen eurer Konflikte leiden lassen? Welchen Schaden habt ihr ihnen zugefügt? Habt ihr Reue geübt und Gott und eure Kinder um Verzeihung gebeten für das Unrecht, das ihr getan habt?« Die meisten Kinder träumen – bewusst oder unbewusst – davon, dass das Zuhause ihrer Eltern wiederhergestellt wird (ich weiß, wovon ich spreche), selbst wenn sie mit ihrem Verstand begreifen, dass das nicht mehr geschehen wird.

2. Wie ist es mit denen, die »übrig« bleiben, die keinen neuen Partner mehr finden? Scheidung schafft Einsamkeit. Wenn man sich scheiden lässt, findet man nicht automatisch einen neuen Partner; er vielleicht eher – aber sie bleibt bei den Kindern. Wie viele Frauen, aber auch Männer, sind »übrig geblieben«, weil ihr Partner sie verlassen hat? Sicher haben Sie in Ihrem Leben schon einmal mit »Sandlern« gesprochen, Männern und Frauen auf der Straße – vor allem sind es Männer. Wenn Sie sie fragen, wie sie dorthin gekommen sind, werden Sie fast immer das gleiche Muster sehen: Scheidung, sie müssen das Zuhause verlassen, haben keine Wohnung, müssen Alimente für die Kinder bezahlen, schaffen das nicht, sind aus der Bahn geworfen, weil sie kein Zuhause haben, fangen an

zu trinken, wenn sie nicht schon vorher getrunken haben, und das führt zum Absturz.

Wie viele Frauen bleiben in Einsamkeit zurück, weil ihr Partner, ihr Ehemann, sie einer Jüngeren wegen verlassen hat? Unsere Gesellschaft ist voller Einsamkeit derer, die im Stich gelassen wurden oder Opfer einer Scheidung sind. Wer spricht von denen? Das Evangelium ist immer auf der Seite der Schwächsten, der Kleinen, also müssen wir uns zu deren Sprechern machen, zur »Lobby«, zu den Verteidigern dieser armen Einsamen, die übrig bleiben und keinen Partner mehr finden. Ist die Kirche erbarmungslos gegenüber wiederverheirateten Geschiedenen? Sehr oft ist die Scheidung ein schreckliches Werk der Zerstörung, auch in wirtschaftlicher Hinsicht. Es gibt hochinteressante Studien über die dramatischen wirtschaftlichen Folgen von Scheidungen. Wie viele kleine Unternehmen sind in dem Augenblick zugrunde gegangen, da die Familie, von der sie getragen waren, in Brüche ging? Nein. Die Kirche ist nicht erbarmungslos, denn sie schenkt den Kindern und den Partnern Aufmerksamkeit, die die Opfer sind. Hat es zumindest einen Versuch der Aussöhnung mit dem Partner gegeben, der »übrig«, der allein geblieben ist? Was kann der Zugang zu den Sakramenten für einen Sinn haben, wenn dieser ganze Schmerz ohne Versöhnung bleibt, ohne wenigstens das Bemühen um Versöhnung?

3. Es gibt immer Schuld bei Scheidungsfällen. Haben die Partner wenigstens den Versuch unternommen, einander zu verzeihen, zumindest ansatzweise Vergebung zu erreichen, oder auch nur den Scheidungskrieg zu beenden? Wie kann man eine neue Beziehung, eine neue Verbindung auf dem oft erbitterten Hass aufbauen, der von der ersten Ehe geblieben ist? Wir, die wir Geschiedene begleiten, müssen diesen Versuch mit ihnen unternehmen: »Sind Sie nach der Scheidung wenigstens mit einem Schritt auf Ihren Partner, Ihren Mann, Ihre Frau, zugegangen?«

4. Wir haben in unseren Gemeinden Familien und Ehen, die heroisch zusammenhalten, allen Stürmen und Unwettern trotzend, weil sie sich Treue versprochen haben und weil sie fest zum Sakrament stehen. Welches Zeichen geben wir Priester und Seelsorger ihnen, wenn wir die ganze Zeit von den »armen wiederverheirateten Geschiedenen« sprechen? Gewiss muss man für letztere Mitgefühl aufbringen, aber Achtung: vergessen wir dabei nicht, Ermutigung, Anerkennung und Dankbarkeit für jene Ehen zu äußern, die halten, denn sie halten im Glauben. Ich habe einen sehr schönen Bericht von einem Diakon gehört, der in seiner Diözese vom Bischof beauftragt worden war, sich um wiederverheiratete Geschiedene und um Paare in Schwierigkeiten oder knapp vor einer Scheidung zu kümmern. Er bezeugt, dass der Herr durch den

Weg der Begleitung Ehen und Paare retten kann. Würde man in unseren Pfarrgemeinden die Menschen hervorheben, die heldenhaft an der Treue in ihrer Ehe festhalten und ein Beispiel dafür geben, was die Treue Gottes uns gegenüber ist, so würde das den jungen Menschen Ermutigung geben, einander nicht sofort bei den ersten Schwierigkeiten zu verlassen, und den weniger jungen den Mut, durchzuhalten. Wie oft sehen wir Scheidungen nach fünfundzwanzig oder sogar vierzig Ehejahren! Kürzlich habe ich die Scheidung eines ständigen Diakons erlebt, praktisch an seinem fünfundzwanzigsten Hochzeitstag.

Wie können wir diejenigen als Vorbilder herausstellen, die ihren Eheversprechen treu bleiben? Und was sagen wir den Geschiedenen, wenn sie sich über die Härte der Kirche beklagen? Können wir denn nicht mit ihnen gehen, sie begleiten, indem wir ihnen sagen: »Sehen Sie sich doch dieses oder jenes Paar in unserer Gemeinde, in unserer Pfarre, an, wie es trotz aller Schwierigkeiten zusammenhält. Leider konnten Sie nicht zusammen bleiben, Ihre Ehe ist gescheitert, aber bezichtigen Sie nicht die Kirche, kein Erbarmen zu haben, schauen Sie zuerst auf sich selbst und bitten Sie Jesus um Barmherzigkeit für sich und für alle jene, die unter Ihrer Scheidung und Ihrer Wiederverheiratung zu leiden haben.«

5. Zu Geschiedenen, die wieder heiraten, sage

ich immer: »Selbst wenn man eine Annullierungserklärung Ihrer Ehe erreicht, oder wenn Ihr Pfarrer Ihnen – zögernd, aber immerhin – das Empfangen der Sakramente gestattet, weil Ihre zweite Ehe eine neue Realität ist und weil Sie aus ganzem Herzen den tiefen Wunsch der Vereinigung mit Jesus durch das Sakrament haben: Wie stehen Sie vor Gott da, wie stehen Sie vor Ihrem Gewissen da, dem Grund Ihrer Seele? Man kann Gott nicht bemogeln, man kann ihm keinen falschen Schein vorspielen.«

Ich weiß, es ist sehr schwer zu entscheiden, wie man mit solchen Situationen umgehen soll. Klar ist nur, dass wir zwei Extreme ausschließen müssen: Ein Pfarrer in einer benachbarten Diözese hatte ein großes Transparent auf seiner Kirche angebracht »Bei mir können alle zur Kommunion kommen.« Das entspricht weder einer pastoralen Haltung noch der eines guten Seelsorgers. Das ist eine falsche Barmherzigkeit. Wir haben alle den Weg der Bekehrung nötig.

Das andere Extrem ist zu sagen, es gibt keine Lösung für Geschiedene oder Wiederverheiratete, in keinem Fall und niemals, das ist die Regel und dieser folgt man, so ist es und da ist nichts zu machen. Das geht auch nicht. Man muss jede Situation im Rahmen der Seelsorge aus der Nähe betrachten. Ich weiß, dass das sehr schwierig ist, und viele Pfarrer fordern mich auf, ihnen klare Regeln vorzugeben. Ich antworte darauf, ich könne keine klaren Regeln geben. Sicher: es gibt die Regel Jesu, das Evangelium, und das ist sehr klar. Als ich einmal in einer Pfarre zu Besuch war, wandte sich ein Herr sehr aggressiv an mich: »Warum ist die Kirche so hart? Ihr fehlt jedes Mitgefühl mit wiederverheirateten Geschiedenen.« – »Lieber Freund«, habe ich ihm geantwortet, »die Kirche hätte gern eine Lösung für dieses Problem. Aber es gibt da Jesus von Nazaret, der sich dazu geäußert hat – und das ist das Hindernis!« Und dann zitierte ich einfach die Worte Jesu: *»Wer seine Frau entlässt und eine andere heiratet, begeht Ehebruch.«* (Lk 16,18; Mk 10,11; Mt 19,9) Der Mann erblasste und schwieg, diese Worte hatten ihn direkt ins Herz getroffen: »Dieser Mann bist du, sagt Jesus zu dir, du hast das Treueversprechen gebrochen, das du gegeben hattest.« Wenn dieser Punkt erreicht ist, dann kann die Barmherzigkeit »ankommen«. Sie wird nur in der Wahrheit wirksam. In der Lüge kann sie keine Wirkung entfalten. Solange man bei der Anklage der Anderen stehenbleibt, kann Jesus seine Barmherzigkeit nicht schenken.

Schauen wir zuerst, ob ein tieferer Glaubensweg möglich ist. In meinem Buch über die Eucharistie[23] habe ich das Beispiel eines Paares genannt, wo die Frau eine wiederverheiratete Geschiedene ist. Beide akzeptieren, dass sie weder beichten noch zur Kommunion gehen dürfen, und sie tun das getreu der Lehre und dem Wort Jesu. Diese Bauernfamilie ist mir gut bekannt. Sie haben acht Kinder, die sie vorbildlich im Glauben erzogen haben. Aber sie gehen nicht zu den Sakramenten. Doch wenn die Kinder zur Kommunion gehen, sagen sie: »Mama, heute gehe ich für dich.« Als ich die Mutter gefragt habe: »Haben Sie nicht Sehnsucht danach, die Kommunion zu empfangen?«, antwortete sie: »Natürlich, sogar große Sehnsucht, aber wenn die Leute unserer Pfarrgemeinde zu mir sagen, die Kirche ist liberaler geworden und ich könnte trotz allem die Kommunion empfangen, antworte ich ihnen: Macht euch keine Sorgen um mich. Sorgt euch vielmehr um die, die zu den Sakramenten gehen könnten und es nicht tun.«

Das sind Beispiele für ein heroisches Verhalten, und ich glaube, es ist wichtig, sie auf diesem ihrem Wege zu ermutigen, der ein Segen für die Kirche ist.

Aber es gibt auch noch all diejenigen, die nicht zu einem so tiefen Verstehen gelangen. Oft leiden sie bitter darunter, sich von den Sakramenten ausgeschlossen zu wissen. Da werden ihre Fragen quälender und ihre Rufe insistierender: gibt es denn keinen Pfad der Versöhnung für die, deren Ehe gescheitert ist? Man schlägt uns vor, der »Lösung« der orthodoxen Kirchen zu folgen, die bis zu drei Verbindungen mit Scheidung und Wiederverheiratung akzeptieren (selbst wenn die neuerlichen Eheschließungen nicht vollständig als kirchliches Sakrament gelten). Die katholische Kirche hat niemals diese Praxis akzeptiert. Sie hält treu an der Einmaligkeit der Ehe und ihrer Unauflöslichkeit fest, und das ist ein so großer Wert für alle – für die Familie, für die Kinder und für das Paar selbst, dass man darin standhaft und dem Worte Jesu treu bleiben muss: *»Was Gott verbunden hat, darf der Mensch nicht trennen.«*

Ich kann Ihnen keine Lösung anbieten und kein Rezept für die zahllosen Fälle von Scheidung und Wiederverheiratung. Aber ich empfehle Ihnen, den fünf Punkten zu folgen – als Weg hin zu Bekehrung und Versöhnung. Und dieser Aufruf zur Bekehrung betrifft uns alle. Denen gegenüber, deren Ehe gescheitert ist, möge uns das Wort Jesu leiten: *»Wer von euch ohne Sünde ist, werfe als erster einen Stein auf sie.«* (Joh 8,7)

VI. Maria und die Priester

Unsere Betrachtungen schließen mit einer Meditation über Maria, die Mutter Jesu, die Mutter Gottes, die Mutter der Kirche, unsere Himmelsmutter.

Gleich vorweg: Ich muss gestehen, dass ich immer ein wenig verlegen bin, wenn ich von Maria spreche, weniger aus ökumenischen Gründen – in Hinblick auf unsere protestantischen Brüder und Schwestern –, sondern vielmehr aufgrund einer gewissen Hemmung, von etwas zu sprechen, das mir persönlich sehr nahe ist. Mit flammenden Reden über die Heilige Jungfrau kann ich wenig anfangen, sie sprechen mich nicht an. Was meine Seele dagegen berührt, sind die Worte der Kleinen Thérèse, ihre Art und Weise, ihre Liebe für Maria zum Ausdruck zu bringen, besonders in ihrem letzten Gedicht, dem längsten, vom Mai 1897 – knapp vier Monate vor ihrem Heimgang in den Himmel, als sie sehr krank und leidend war und durch die Prüfung der dunklen Nacht ihres Glaubens gehen musste. *»Warum ich dich liebe, Maria!«*, heißt der Titel des Gedichtes, das ein wahrer Schatz der Mariologie ist.

1. Der Glaube Marias

Die heilige Thérèse spricht in gewagten Worten vom Glauben Marias:

»Das Evangelium lehrt, je weiser Jesus, desto
tiefer Josef und Maria untertan er war;
mein Herz sagt mir, mit welcher Zärtlichkeit
er stets den teuren Eltern folgte.
Jetzt wird mir klar, was das Geheimnis war des Tempels,
und was die Worte des geliebten Königs bargen.
Oh Mutter, sei, wie es dein sanftes Kind will, selbst das Beispiel
der Seele, die in der Nacht des Glaubens Ihn nur sucht.«
(Strophe 15)

Maria ist das Beispiel für eine Seele, die Gott »in der Nacht des Glaubens« sucht. Was für eine erstaunliche Formulierung! Wir dürfen es wagen, von der Nacht des Glaubens Marias zu sprechen, dieser Nacht des Glaubens, die Maria durchmachen musste. Das ist die Phase, in der Thérèse, bereits in schwerkrankem Zustand, selbst in die Nacht der Prüfung des Glaubens eingetreten ist. Dieses lange Gedicht sieht das Leben Marias unter dem Aspekt des Glaubens. Thérèse sieht ihre geliebte Maria vor allem als jene, die Elisabeth mit den Worten begrüßt hat: *»Selig ist die, die geglaubt hat …«* (Lk 1, 45)

Marias Glaube – damit hat Thérèse schon den Geist des Zweiten Vatikanischen Konzils vorweggenommen: Das Kapitel VIII von »Lumen Gentium«, dieses große Dokument über die Kirche und über Maria im Mysterium Christi und der Kirche, spricht von Marias »Pilgerweg des Glaubens« (Lumen Gentium 58), und mit diesem Pilgerweg sind wir verbunden. Maria geht uns auf dieser Pilgerschaft voran. Das Zweite Vatikanische Konzil lädt uns ein, Maria unter dem Aspekt ihres Glaubens zu betrachten. Johannes Paul II. geht in seiner Enzyklika »Redemptoris Mater« (Nr. 18) noch weiter und kommt auf die Kleine Thérèse zurück, indem er bekräftigt, dass die Jungfrau Maria auf ihrem Weg bis in *»die Nacht des Glaubens«* gegangen ist.

Ich glaube, Thérèse ist in der christlichen Literatur die erste, die von der Nacht des Glaubens Mariens gesprochen hat. Thérèse räumt selbst ein, dass sie Schwierigkeiten mit den Predigten hatte, die sie hörte, in denen die Jungfrau Maria auf eine so erhabene Weise dargestellt wurde, dass einfache und kleine Gläubige dadurch entmutigt waren, ihren Spuren zu folgen. Thérèse will Marias Schritten folgen und muss als Voraussetzung dazu über Maria in der Einfachheit ihres Glaubens meditieren. Maria ist Thérèse ganz nah, sie ist ganz Mutter, ganz schlicht und ganz nahe. Um Maria so zu finden, hält Thérèse sich strikt an das Evangelium. Es ist bemerkenswert: diese junge Karmelitin will von Maria nur kennen, was das Evangelium sagt:

»Erst beim Betrachten *deines Lebens nach dem heil'gen Evangelium*
wag' ich dich anzuseh'n, zu nähern mich;
zu wissen, dass dein Kind ich bin, fällt mir dann leicht,
kennst du doch Leid und Tod wie ich …« (Strophe 2)

Thérèse leidet schon sehr an ihrer Krankheit. Sie sieht Maria sterblich und leidend wie sie selbst. Es ist beeindruckend, dass Thérèse ihre Betrachtung über das Leben Marias an der Stelle beendet, da Johannes die Heilige Jungfrau zu sich nimmt:

»Das Haus Johannes wird dir Zuflucht,
statt Jesus – Zebedäus' Sohn …
Das ist des Evangeliums letztes Wort,
das von der Königin der Himmel kündet – mehr sagt es nicht.« (Strophe 24)

Thérèse gibt sich mit dem, was sie im Evangelium findet, zufrieden. Was für eine Hilfe für die Ökumene und für die Rede über Maria! Es ist erstaunlich, dass Thérèse über das, was nicht im Evangelium zu finden ist, nicht spricht; sie lehnt es zunehmend ab, fromme Bücher zu benutzen – während ihrer Krankheit und in ihren Glaubensprüfungen erträgt sie sie nicht mehr – mit Ausnahme der *»Nachfolge Christi«*. Sie sagt über ihre Betrachtungen:

»Das Evangelium aber vor allem gibt mir das Nötige für das innere Gebet, in ihm finde ich alles, was meine arme kleine Seele braucht. In ihm entdecke ich immer neue Klarheiten, verborgene und geheimnisvolle Bedeutungen.« (Ms A 83v, Selbstbiographische Schriften 184)

»Das Evangelium und nichts als das Evangelium ...« Dieser Text ist im Katechismus im Abschnitt über die Evangelien zitiert (KKK 127).

Es gibt aber noch mehr als die einfache Lektüre der Bibel: Thérèse liest das Leben Marias im Lichte ihrer eigenen Erfahrung des »kleinen Weges«. Maria wird für sie zum Beispiel des kleinen Weges:

»Ich weiß, du Mutter voller Gnaden,
wie arm in Nazaret dein Leben
gelebt du hast, nichts wollend mehr;
Verzückung, Wunder und Exstasen
zierten nicht mehr dein Leben, auserkor'ne Königin! ...
Die Zahl der Kleinen ist so groß auf Erden,
doch du lässt ohne Zittern aufschau'n sie zu dir,
führst du sie doch, du Mutter unvergleichliche,
den *Weg, den ganz gewöhnlichen,* hinauf ins Himmelreich.«
(Strophe 17)

Wir haben unsere Betrachtungen mit dem Ausspruch des Pfarrers von Ars begonnen: »Ich werde dir den Weg zum Himmel zeigen.« Thérèse sagt abschließend: »Denn über *den gewöhnlichen Weg* gehst du, führst du sie in den Himmel.« Den gewöhnlichen Weg betrachtet Thérèse an Marias Leben. Dank diesem können sich die Kleinen ihr ohne Zittern nähern.

Was mich am meisten an Marias Leben berührt, ist ihr Glaube. Nehmen wir zum Beispiel die

Verkündigung – eine Botschaft von gewaltiger Größe. Der Engel Gabriel sagt über Jesus: *»Er wird groß sein und Sohn des Höchsten genannt werden. Gott, der Herr, wird ihm den Thron seines Vaters David geben.«* (Lk 1, 32) Ich erinnere daran, dass in Nazaret Nachkommen des Hauses David lebten. Man weiß aus der Geschichte, dass sich nach dem Exil Abkömmlinge der königlichen Familie Davids in Nazaret niedergelassen haben, zu denen Josef gehört und nach einer Tradition auch Maria. *»Er wird über dieses Haus Jakob in Ewigkeit herrschen und seine Herrschaft wird kein Ende haben.«* (Lk 1, 33) Diese Botschaft wird Maria dreißig Jahre lang in ihrem Herzen tragen, ohne dass sich etwas ereignet.

Zunächst gibt es da dieses gewichtige *Wie: »Wie soll das geschehen, da ich keinen Mann erkenne?« – »Der Heilige Geist wird über dich kommen.«* (Lk 1, 34–35) Es erheben sich viele Fragen. Hat sie ein Jungfräulichkeitsgelübde abgelegt, wie manche sagen? Es ist möglich. Und da sind vor allem praktische Probleme. Ich bin in einem Dorf aufgewachsen. In einem Dorf weiß jeder alles über den anderen: »Ach, sie ist schwanger! Von wem? Dabei ist sie noch nicht verheiratet! Von wem ist das Kind? Hat sie Josef betrogen? Ist Josef vor der Ehe mit ihr zusammen gewesen?« Was wird die Familie sagen? Der »Clan« des Jesus von Nazaret – sie wohnen alle da, die Brüder und Schwestern. Was werden die Leute sagen? Ende des ersten Jahrhunderts wurde eine Version geschmiedet, die die Runde machte – möglicherweise sogar noch zu Lebzeiten Jesu –, wonach Jesus der Sohn eines römischen Soldaten gewesen sei, mit dem Maria ein Verhältnis gehabt hätte. Im Johannesevangelium sagen die Juden zu Jesus: *»Wir stammen nicht aus einem Ehebruch.«* (Joh 8,41) Dem mag eines der Gerüchte zugrunde liegen, die über Jesus kursierten.

Ungeachtet all dieser zu erwartenden Schwierigkeiten sagt Maria: *»Ich bin die Magd des Herrn; mir geschehe, wie du es gesagt hast.«* (Lk 1,38) Aber menschlich betrachtet – was musste es in ihrem einfachen Lebens bedeuten, diese Bürde zu tragen und ein solches Geheimnis!

Ich füge einen Exkurs über die Geschichtlichkeit der Kindheitsevangelien ein. Ich wurde während meiner theologischen Ausbildung von starken Zweifeln gequält, die in unsere Seelen und Köpfe über die historische Authentizität der Kindheitsevangelien gesät worden waren. Ich habe zu diesem Thema ein kleines Buch geschrieben[24] und möchte einige Orientierungspunkte geben, denn es ist so wichtig, dass wir Priester, die das Evangelium der Verkündigung und Menschwerdung mit unserem Verstand und unserem Herzen predigen sollen, an das glauben, was wir predigen.

Das sind keine Mythen, Legenden, »theologische Konstruktionen«, wie man uns gelehrt hat. Es ist vor allem die jungfräuliche Empfängnis Jesu, die von ziemlich vielen Exegeten und einer ganzen Literatur, die Ihnen allen bekannt ist, in Zweifel gezogen wird – ich brauche Ihnen nicht eigens Dan Brown mit seinem »Da Vinci Code« zu nennen, ein Werk, das von Millionen und Abermillionen weltweit gelesen worden ist.

In der Tat heißt es, Jesus sei der Sohn Josefs, und seine Brüder sind durchaus bekannt: Jakobus, Joses, Judas und Simon (vgl. Mk 6,3). Wir kennen also seine Brüder, aber wir kennen auch seine Schwestern: *»Leben nicht auch seine Schwestern unter uns?«*, sagen die Leute von Nazaret (Mk 6,3). Jakobus, der Bruder des Herrn, wurde der erste Bischof, das erste Oberhaupt der Gemeinde Jerusalems. Es gibt zwei Überlieferungen. Die östliche besagt, es hätte eine frühere Ehe Josefs gegeben, somit handelt es sich um die Kinder aus dieser ersten Ehe; danach hätte Josef, als er Witwer geworden war, Maria geheiratet. Die westliche Überlieferung wiederum besagt, die Worte »Brüder« und »Schwestern« seien als Gattungsbegriffe zu verstehen: als erweiterte Familie, als Clan.

Nun existiert aber ein sehr gewichtiges historisches Argument: Seit Beginn des zweiten Jahrhunderts – dafür ist der hl. Ignatius von Antiochien der berühmteste Zeuge – sprechen alle Glaubensbekenntnisse ausnahmslos die Überzeugung aus: »Empfangen von der Jungfrau Maria.« Woher diese Einstimmigkeit? Manche meinen: um zu zeigen, dass Jesus sehr bedeutend ist. In der Ausdrucksweise jener Zeit und in deren Vorstellungswelt musste er, um über den gemein Sterblichen erhaben zu sein, eben von einer Jungfrau empfangen worden sein. Das ist historisch gesehen reiner Unsinn. Wir kennen das ganze zweite Jahrhundert hindurch jüdische Zeugnisse, die das skandalös und lächerlich finden. So etwa im Dialog zwischen dem Rabbiner Tryphon und Justin, dem christlichen Philosophen und Märtyrer. Weiters kennen wir Äußerungen von Heiden, die das lächerlich finden. Wie hätten also die Christen eine Geschichte erfinden sollen, die alle, Juden wie Heiden, lächerlich finden, nur um Jesus über alle anderen zu erheben und größer zu machen? Historisch hält das nicht und es gibt nur eine Erklärung dafür: die Christen waren überzeugt, dass es sich hier um ein Faktum handelt, und hielten deshalb daran fest.

Unser Glauben gründet sich auf Fakten, nicht auf Mythen oder Legenden. Das Kreuz ist eine Ungeheuerlichkeit, aber es ist eine Tatsache. Man versucht zu interpretieren und zu verstehen, warum Gott seinen Sohn auf einem Kreuz sterben lässt, aber es ist eine Tatsache, die vor deren Interpretation da ist. Die Tradition von der jungfräulichen Empfängnis ist ein Faktum. Man versucht auch hier zu verstehen, warum Gott diesen Weg gewählt hat. Ich fordere Sie heraus, mir eine haltbare historische Erklärung zu geben, die das Gegenteil beweist! Es ist eine Tatsache. Von wem hätten diese ersten Christen es wissen können?

Durch wen kennen wir Lourdes und die Worte »Ich bin die Unbefleckte Empfängnis«? Durch ein Mädchen von vierzehn Jahren, das zum Pfarrer von Lourdes gelaufen kam und dabei ständig wiederholte, was »die Dame« gesagt hatte, um es nicht zu vergessen. Sie betrat die Pfarre und stieß hervor: »Ich bin die Unbefleckte Empfängnis!« Dem Pfarrer war klar, dass dieser Satz nicht von diesem kleinen Mädchen kam: es war wirklich Maria, die ihm erschienen war. Wir haben nur einen einzigen Zeugen – und dennoch pilgern jedes Jahr fünf Millionen Menschen nach Lourdes. Die Kirche hat dem Zeugnis dieses Mädchens vertraut, das weder lesen noch schreiben konnte.

In meinen Augen hilft uns die Analogie mit dem Leben der Kirche zu verstehen, was sich an jenem Tag in Nazaret ereignet hat, als der Engel Gabriel kam und Maria begrüßte. Eine einzige Person könnte sagen, was geschehen ist, eine einzige Person könnte sich daran erinnern. Es hilft mir in meinem »Köhlerglauben«, an Bernadette Soubirous zu denken, die doch so unzählige Male wiederholen musste, wie es war, um sich die Worte zu merken, die »sie« gesagt hatte.

Ich erlaube mir, die folgende These aufzustellen, nachdem auch die Exegeten so viele Thesen vorgetragen haben: Ich glaube, dass die Apostel, nachdem sie zu Pfingsten den Heiligen Geist empfangen hatten, genügend vorbereitet waren, dieses kostbarste Geheimnis der Geschichte der Menschheit zu empfangen, das nicht laut auf einem Marktplatz verbreitet wird, sondern sich dort erschließt, wo die Herzen bereit sind, es zu empfangen. Also konnte Maria zu ihnen davon sprechen, weil der richtige Moment gekommen war. Wie sollte Maria dieses einzigartige Geschehen und diese einzigartigen Worte nicht in ihrem Herzen bewahrt haben? Mir fällt es viel leichter, dem Zeugnis Marias zu vertrauen als den Hypothesen und »theologischen Konstruktionen«, die man nachträglich entwickelt hat.

Da ist noch ein anderes Faktum: Während Bernadette die einzige geblieben ist, die bezeugen konnte, was sich zugetragen hatte und was »die Dame« ihr gesagt hatte, war sie keineswegs die einzige, die Marias Anwesenheit erlebt hat, sonst wäre Lourdes nicht Lourdes geworden. Tausende und Abertausende haben von Anbeginn an dort wahrgenommen, dass Maria tatsächlich da war! Selbst wenn sie sie nicht gesehen haben, selbst wenn wir sie nicht sehen, ist sie da, mit ihrer ganzen Güte, ihrem Mitgefühl und ihrer Barmherzigkeit. Zahllose Pilger haben diese Erfahrung gemacht.

Was die Kirche von Maria glaubt, ist auf ihrem einzigartigen Zeugnis begründet, das uns von Lukas überliefert ist, dem treuen Zeitzeugen, der selbst in seinem Prolog sagt, er habe minutiös erforscht, was geschehen ist. Abgesehen von dem, was uns Lukas überliefert hat, können wir auf zweitausend Jahre Erfahrung der Nähe Marias zurückblicken, die bestätigt, was die Apostel als Zeugnis Marias empfangen haben.

Im Bericht über die Verkündigung ist es das letzte Wort, das mich besonders berührt: *»Danach verließ sie der Engel.«* (Lk 1,38) Erst vor ganz kurzer Zeit ist mir dank einer Gläubigen unserer Diözese klar geworden: Mein Gott, das ist ein Wort von großem Gewicht! *»Danach verließ sie der Engel.«* Von da an sollte alles nur mehr dem Glauben untergeordnet sein, und nichts anderem als dem Glauben. Bei der Verkündigung war es der Engel, aber danach war es der Glaube. In Bethlehem erschienenen die Engel den Hirten, aber im Stall gibt es keine Engel, selbst wenn man jede Menge in unsere Krippen hängt! Im Evangelium hören Josef und Maria die Erzählung der Hirten, ohne aber die Engel zu sehen. Jetzt setzt der lange Weg Marias in ihrem Glauben ein.

Thérèse hat uns gesagt: »Keine Verzückungen, keine Wunder, keine Ekstasen«, und keine Erscheinungen. – Im Übrigen hatte auch Thérèse keine. – Dreißig Jahre lang ist nichts geschehen. Was für eine lange Zeit! Maria trug diese Verheißung im Herzen: *»Er wird groß sein und Sohn des Höchsten genannt werden. Gott der Herr wird ihm den Thron seines*

Vaters Davids geben … und seine Herrschaft wird kein Ende haben« (LK 1,32–33) – aber diese Herrschaft hat nicht einmal begonnen! Das Ausharren ist wahrscheinlich das Schwierigste in unserem Leben. Der Pfarrer von Ars hat es ertragen, in seinem kleinen Dorf zu bleiben – »gegen seinen Willen«, wie er selbst sagte.

Dann sind da die so harten Worte Jesu, die uns überliefert sind, als sein Leben in der Öffentlichkeit beginnt: *»Was willst du von mir, Frau?«* in Kana (Joh 2,4); *»Wer ist meine Mutter?«* (Mk 3,33), als seine Familie ihn besuchen kommt und ihn gewaltsam nach Nazaret holen will, weil alle – Maria eingeschlossen – sagen: »Er ist nicht mehr bei Trost, er ist verrückt geworden.« (vgl. Mk 3,21)

Und schließlich der Schmerz des Kreuzes. Thérèse spricht darüber so:

»Wie der Prophet gesagt, untröstlichste der Mütter,
›Wird deinem Schmerz kein andrer gleichen!‹« (Strophe 23)

Maria ist im Glauben die große Stütze für uns Priester. Blicken wir auf Marias Glauben. Jesus sagt zu Maria dasselbe, das er zur Heidin gesagt hat: *»Frau, dein Glaube ist groß.«* (Mt 15,28)

Maria, in deinen großen Glauben kann ich meinen kleinen Glauben betten. Er wird von deinem Glauben getragen. Dein »Ja« umschließt mein kleines »Ja«. Du sagst »Ja« für alle deine Kinder.

2. Die Seelsorge Marias

Maria ist zuallererst das allen verständliche Evangelium für die Kleinen und Armen. Das Evangelium ist da für die Kleinen und Armen. Maria übersetzt durch ihre Person das Evangelium in Gesten und Taten. In ihrem gesamten Wirken als Person vermittelt sie das Evangelium und so evangelisiert sie.

Etwas berührt, ja erschüttert mich: überall auf der Welt, wo das Evangelium durch die Mission gepflanzt ist, vollzieht Maria eine echte Inkulturation. Versuchen wir nicht, anderswo die Inkulturation zu studieren – wir finden sie bei Maria. In Ephesos befindet sich der Tempel der Artemis von Ephesos, und es hieß »Groß ist die Artemis von Ephesos« (vgl. Apg 19,28.34). Man behauptet, man hätte an die Stelle der Artemis Maria gesetzt. Keineswegs! Maria hat selbst diese schreckliche Göttin ersetzt. Machen wir keine Mythen aus den heidnischen Gottheiten – das war eine Religion voller Angst, ständig musste man die Götter beruhigen und sie friedlich stimmen. Wie befreiend ist es, Maria an Stelle der Artemis zu haben! Wie sanft und zärtlich ist die Annäherung an eine Mutter, die uns so nahe ist – im Gegensatz zu der furchterregenden Göttin Artemis, die tausend Brüste hat!

In allen Ländern der Welt, die der Glaube erreicht, steht Maria den Kleinen und Armen nahe. Sie lässt alle ihren Sohn kennenlernen, weist auf ihn hin. Sie zeigt uns den Weg. Sie gewährt Armen und Sündern Zuflucht. Ich denke an Guadalupe. Was wäre Lateinamerika ohne die Erscheinung Marias vor dem kleinen Juan Diego? Was für eine außergewöhnliche Inkulturation! Man könnte eine Geographie der Marienheiligtümer erstellen. Nicht nur in Frankreich – überall kann man sie finden.

Wenn es bei uns eine Hoffnung für die Kirche gibt, so sind es diese Heiligtümer, von denen die Erneuerung des Glaubens ausgehen kann. Die Armen und Kleinen, diese säkularisierten Menschen, die nichts mehr wissen, wissen wenigstens das: bei Maria sind sie immer willkommen. Selbst Leute, die keine Ahnung vom Glauben haben, wissen zumindest das. In der Nähe dieser guten Mutter braucht man keine Angst zu haben.

Es amüsiert mich, wenn ich mir den Pastoralplan des Bischofs von Tarbes im Jahre 1858 mit seinen Pastoralkommissionen vorstelle: da wurde ein Seelsorge-Plan geschmiedet und es wurden Sektoren eingeteilt, Pfarren umgruppiert usw. Und da – mir nichts dir nichts erscheint diese himmlische Dame, die sich überhaupt nicht um die Pastoralpläne des Bischofs schert! Sie zeigt sich in einer Grotte in der Nähe eines Flusses. Warum in einer Grotte? Warum ausgerechnet dort? Warum einem kleinen Mädchen von vierzehn Jahren, das weder lesen noch schreiben kann und das sich im Katechismus gar nicht auskennt? Und alle Bischöfe Frankreichs versammeln sich in Lourdes, ganz in der Nähe der Grotte – das ist doch unglaublich!

Wir hatten einen ausgezeichneten Priester in unserer Diözese in Wien, der in seiner Jugend Atheist war und konvertiert ist. Dr. Herbert Madinger († 2010) hat ein großartiges Schriftenapostolat begonnen, und eine seiner schönen Ideen, wie sie nur der Liebe entspringen kann, ist die Initiative der »Wandermuttergottes«. Statuen der Jungfrau Maria »wandern« von Haus zu Haus. Es gibt davon in Österreich fünftausend. Man kann zwei Wochen lange die Statue der Muttergottes in seinem Haus oder seiner Wohnung behalten und danach gibt man sie einer anderen Familie weiter – sehr oft zu Ungläubigen. P. Andreas hat die folgende schöne Geschichte über die Evangelisation erzählt, die Maria durch diese Statuen wirkt:

Die Marienstatue ist in der kleinen Wohnung von armen Leuten in Wien angekommen. Die Wohnung war wirklich klein und so überfüllt, dass man nicht wusste, wohin man die Muttergottes stellen sollte. Schließlich haben die Leute sie auf den Kühlschrank gestellt. Einige Zeit später kam die Frau zu P. Andreas und sagte zu ihm: »Ein Wunder ist geschehen – mein Mann trinkt nicht mehr. Er war Alkoholiker und hat wirklich viel getrunken.« P. Andreas kam daraufhin zur Familie zu Besuch und fragte den Mann, was geschehen sei. Dieser antwortete ihm: »Wissen Sie, jedes Mal, wenn ich den Kühlschrank öffnen wollte, um eine Flasche Bier zu holen, habe ich die Muttergottes gesehen und mir gesagt: Nein, das kann ich nicht, das kann ich nicht.«

Ich denke, für uns Priester ist die Pastoral Marias eine Seelsorge für die Kleinen und Bescheidenen, für die Armen. Wir kennen die Bitte des Engels an die Kinder von Fatima, in der er sie auffordert, vor allem für die zu beten, »die der Barmherzigkeit am meisten bedürfen.« Wir finden sie durch Maria. Sie führt uns in die Schule der Einfachheit: es gäbe keine Streitereien und keine Rivalitäten zwischen uns Angehörigen des Klerus, wenn wir den Blick aufmerksam genug auf die Einfachheit Marias richteten. Oder ihre Schule des Vertrauens: »Das Vertrauen und nur das Vertrauen kann uns zur Liebe hinführen«, sagt uns Thérèse.

Der heilige Pfarrer von Ars hatte blindes Vertrauen in Maria. Er verehrte in ihr vor allem die Unbefleckte Empfängnis. Als er nach Ars kam, stellte er seine Seelsorge unter den Schutz Marias. Als er mit seiner Pfarre eine Wallfahrt nach Fourvière machte, sagte er: »Es ist notwendig, dass sie uns bekehrt.« Am ersten Mai 1836 hat er die Pfarre der Unbefleckten Empfängnis geweiht.

In den Erinnerungen von Catherine Lassagne liest man:

»Die Verehrung der Jungfrau Maria war beim Pfarrer von Ars so tief, dass man es nicht beschreiben kann. Ich wüsste gerne, was die Liebe dieser guten Mutter ihrem guten Diener Monsieur Vianney an Vertrauen eingeflößt hat.«

Und er selbst fand diese außergewöhnlichen Worte:

»Der Heiligen Jungfrau gilt meine älteste Zuneigung. Ich habe sie schon geliebt, bevor ich sie kannte.«

»Ich habe so oft aus dieser Quelle von Marias Herz geschöpft, dass schon längst nichts mehr übrig wäre, wäre sie nicht unerschöpflich.«

»Marias Herz ist so zärtlich für uns, dass die Herzen aller Mütter zusammen im Vergleich zu ihrem nur ein Stück Eis sind.«

»Das Herz dieser Mutter ist nichts als Liebe und Barmherzigkeit. Sie wünscht nichts anderes als dass wir glücklich sind. Es genügt, sich zu ihr hinzuwenden, um erhört zu werden.«

Editorische Notiz des Herausgebers

Das vorliegende Buch entstand aus den Vorträgen, die Kardinal Schönborn im September 2009 bei internationalen Priesterexerzitien in Ars gehalten hat. Gemeinsam mit dem Text der Videobotschaft von Papst Benedikt XVI. und anderen Vorträgen dieser Exerzitien wurden sie 2009 in französischer Sprache unter dem Titel »La Joie d'être Prêtre à la suite du Curé d'Ars« bei den Éditions des Béatitudes (Nouan-le-Fuzelier) veröffentlicht. Die Videobotschaft des Papstes wird in der offiziellen deutschen Version hier erstmals ungekürzt wiedergegeben. Die im Original französischen Texte von Kardinal Schönborn wurden von Elisabeth Heresch ins Deutsche übersetzt und vom Autor und vom Herausgeber gemeinsam inhaltlich überarbeitet.

Bei der Veröffentlichung wurden bewusst der Charakter von Exerzitienvorträgen und die kolloquiale Form beibehalten. Die Vorträge bei Exerzitien sollen den Teilnehmern helfen, ihren geistlichen Weg selbst bewusst und intensiv zu gehen. Daher bieten sie keine vollständigen Lehrabschnitte oder Diskussionen verschiedener Ansätze, sondern greifen einige Elemente heraus, die der Begleiter in der Lebenssituation der Adressaten für wichtig hält. Dieses Buch richtet sich zuerst an

Priester in ihrem presbyteralen Dienst. Darüber hinaus bietet es Wegweisungen für jene, die sich für das Priesteramt interessieren oder in der Seelsorge aktiv sind und für alle, denen das Leben der Kirche wichtig ist.

Anmerkungen

[1] Le Curé d'Ars, Pensées, hg. Bernard Nodet, Desclée de Brouwer, Foi vivante, 2000, S. 101.
[2] Nodet, S. 98.
[3] Vgl. Nodet, S. 98.
[4] Vgl. Nodet, S. 100.
[5] Nodet, S. 110.
[6] Ebd.
[7] Nodet, S. 97.
[8] Nodet, S. 104.
[9] Ebd.
[10] Predigt bei der Eucharistiefeier auf der »Esplanade des Invalides« am 13. September 2008, Paris.
[11] Augustinus, *Confessiones*, III,6,11; BA 13, S. 383.
[12] Francis Trochu, Le Curé d'Ars, Paris 1925, S. 129.
[13] Das Gute verströmt sich selbst (Ps.-Dionysius Areopagita).
[14] Christoph Schönborn, Leben für die Kirche. Die Fastenexerzitien des Papstes, Herder, Freiburg/Br. 1997.
[15] Vgl. Tagebuch der Schwester Maria Faustyna Kowalska aus der Kongregation der Muttergottes der Barmherzigkeit, Hauteville/Schweiz [7]2006, Nr. 2006.
[16] Zum Folgenden vgl. Christoph Kard. Schönborn, Wir haben Barmherzigkeit gefunden. Das Geheimnis des göttlichen Erbarmens. Hg. v. Hubert Philipp Weber, Freiburg/Br. 2009, 107–109.
[17] Nodet, S. 92–95.
[18] Joseph Ratzinger – Benedikt XVI., Jesus von Nazareth: Erster Teil. Von der Taufe im Jordan bis zur Verklärung, Freiburg/Br. 2007.
[19] http://www.covenanteyes.com/
[20] So verstehen es das Konzil von Trient (Dekret über

das Sakrament der Weihe, Denzinger/Hünermann Nr. 1765) und das Zweite Vatikanische Konzil (Lumen Gentium 28).

21 Le saint Curé d'Ars, Sa Pensée, Son Coeur. Bernard Nodet (Éd.). Neuausgabe, Paris 2006. Deutsch: Bernard Nodet (Hg.), Jean-Marie Vianney – der heilige Pfarrer von Ars in seinen Gesprächen und Predigten, Salzburg 1959.

22 Vgl. Joachim Jeremias, Die Abendmahlsworte Jesu, Göttingen [4]1967, 78–82.

23 Christoph Kard. Schönborn, Wovon wir leben können. Das Geheimnis der Eucharistie. Hg. v. Hubert Philipp Weber, Freiburg/Br. [2]2006, 142 ff.

24 Christoph Schönborn, Weihnacht – Mythos wird Wirklichkeit. Meditationen zur Menschwerdung, Einsiedeln [3]1993 (Neuausgabe Innsbruck 2006).